Aquarellieren auf Seide

KreativWerkstatt

Aquarellieren auf Seide

Shahida

FALKEN

INHALT

VORWORT

Zwei Beispiele, wie sie unterschiedlicher kaum sein können: Sie präsentieren nur einen kleinen Ausschnitt dessen, was mit den verschiedenen Aquarelltechniken möglich ist – als Vorgeschmack auf die Kapitel, die vor Ihnen liegen.

Dieses Buch ist meinen Eltern, meinen Töchtern Sarah und Miriam sowie meinem besten Freund Sambodh gewidmet.

Sie interessieren sich für ein Buch, das sich mit dem Aquarellieren auf Seide befaßt. Das Aquarell ist sozusagen die Grundtechnik in der Seidenmalerei und somit gerade für Einsteiger eine gute Möglichkeit, das Zusammenspiel von Seide und Farben kennenzulernen. Aber auch fortgeschrittene Seidenmaler und Seidenmalerinnen fordert das Aquarell immer wieder neu heraus, wenn es um die vertiefende Auseinandersetzung mit Themen sowie um gezielte Umsetzungen geht.
Ich gebe zu, daß das Seidenaquarell nicht die einfachste Maltechnik ist, so wie es auf den ersten Blick aussehen mag. Daher habe ich mich bemüht, in diesem Buch so einfach, so verständ-

lich und so anschaulich wie möglich meine langjährigen Erfahrungen als Seidenmalerin und Kursleiterin zu offenbaren und, soweit es mir gelingt, möglichst unterschiedliche Stile zu zeigen.
Im ersten Teil des Buches erfahren Sie alles Wissenswerte über Material und Grundtechniken. Hier lernen Sie wichtige Dinge über das Verhalten der Farben kennen, so daß Sie in der Praxis nicht allein auf den Zufall angewiesen sind, sondern die Techniken sehr gezielt für Ihre jeweilige Bildidee nutzen können.
Im zweiten Teil „Spielregeln" möchte ich Ihnen viele Impulse für die Gestaltung geben, damit Ihre Werke noch spannender und ausdrucksstärker werden, denn das Aquarell ist eine sehr freie und damit recht persönliche Technik. Ich hoffe aber, daß die Auswahl der Spielregeln auch Ihnen weiterhilft, Ihren individuellen Stil zu entwickeln.
Das letzte Kapitel mit unterschiedlichsten Beispielen mag diesen Weg unterstützen.
Es wäre mir eine Freude, wenn gerade dieses Buch die Anregungen oder die Malübungen für Sie bereithält, die Ihren Einstieg in die Seidenmalerei und die Vertiefung Ihres persönlichen Malstils kreativ unterstützen. Wenn dem so ist, dann wünsche ich Ihnen viel Spaß und gutes Gelingen!

Shahida

GRUNDWISSEN

GRUNDAUSSTATTUNG

FARBEN MISCHEN

NATÜRLICHES FLIESSEN

FARBVERSCHIEBUNGEN

FARBVERLÄUFE

MALEN AUF PRÄPARIERTER SEIDE

LASURTECHNIK – SCHICHT FÜR SCHICHT

EXPERIMENTE MIT DEM FARBAUFTRAG

EFFEKTE MIT HILFSMITTELN

DAS SEIDENBILD IM PASSEPARTOUT

GRUNDAUSSTATTUNG FÜR DAS AQUARELLIEREN AUF SEIDE

Wenn Sie mit dem Aquarellieren auf Seide beginnen wollen, ist es zu Beginn sicher erst einmal ratsam, sich auf die wesentlichen Materialien zu beschränken, ehe Sie Ihre Grundausstattung erweitern. Für den Start benötigen Sie also nur wenige Dinge, die ich zunächst kurz erläutern möchte. Ansonsten empfehle ich Ihnen, sich in einem guten Hobbyfachgeschäft beraten zu lassen.

Seide

Für das Seidenaquarell ist die preiswerteste Pongé-Seide in den Stärken 05 bis 08 zu empfehlen. Auf diesem Material fließt die Farbe besonders gut, was gerade für den Einstieg wichtig ist. Später, wenn Sie im Aquarellieren geübter sind und Tücher, Blusen, Krawatten, Kissenbezüge und so weiter bemalen wollen, sollten Sie auch zu anderen Seidenarten wie Crêpe de Chine, Satin oder Habotai greifen. Die Farben fließen hier nicht ganz so gut, doch dichtere Stoffe lassen die Farben intensiver leuchten.

Spannrahmen

Damit die Seide gut bemalt werden kann, spannt man sie auf. Obwohl manche Seidenmalerinnen und Seidenmaler den Stoff auf einer Glasplatte befestigen, bevorzuge ich das Aufspannen auf einem Holzrahmen.
Für die ersten Versuche reicht vielleicht ein ausgedienter Holzbilderrahmen in der Größe von ca. 40 x 50 cm aus. Wenn Sie aber richtig in die Seidenmalerei einsteigen wollen, dann sollten Sie sich unbedingt, je nach dem vorhandenen Platz Ihres Arbeitsbereiches, einen stufenlos verstellbaren Holzrahmen in den gängigen Maßen zwischen 90 x 90 cm und 120 x 120 cm anschaffen. Nur so können Sie Seidenbilder ohne viel Aufwand in den unterschiedlichsten Größen anfertigen.

Spannadeln

Für rollierte, also mit Rollsaum versehene Seiden bewähren sich Stoßnadeln am besten: Der Saum wird mit der Nadelspitze am Holz befestigt. Dadurch kann die Farbe überall hinfließen. Für nicht rollierte Stoffstücke, also etwa für Bilder, deren Ränder später ohnehin hinter einem Passepartout verschwinden, nehmen Sie Dreizackstifte. Da bei ihnen die Farbe jedoch nicht immer ungehindert unter die Metallfläche gelangt, bleiben auf der Seide helle Stellen zurück. Das sollten Sie unbedingt beim Bemalen von Kleidung und schon rollierten Tüchern verhindern.

Pinsel

Zum Aquarellieren brauchen Sie nur wenige, aber wirklich gute Pinsel. Scheuen Sie dabei nicht eine etwas kostspieligere Anschaffung. Für feine Linien und kleine Flächen empfehle ich Ihnen einen Rundpinsel in der Größe 6 bis 8, für große Flächen einen in Größe 16–18.
Wichtig ist, daß die Pinsel in nassem Zustand eine feine Spitze aufweisen, wenn man sie ausschlägt, ganz gleich, ob es Natur- oder Kunsthaarpinsel sind. Für den Auftrag von Aquarellgrund, Farbverdicker, Misch- und Aufsetzweiß oder anderen Hilfsmitteln sollten Sie preiswerte oder ältere Pinsel benutzen.

Seidenmalfarben

Das Angebot an Seidenmalfarben ist mittlerweile sehr groß. Zu unterscheiden sind in erster Linie Farben, die durch Dampf, und solche, die durch Bügeln fixiert werden, damit sie haltbar, also weitgehend wasch- und lichtecht sind. Für das Seidenaquarell sollten Sie sich jedoch für die dampffixierbaren Farben entscheiden: Durch den Einsatz des Föns beim Malen würden die Bügelfarben bereits vorfixiert werden. Strukturveränderungen und Farbverschiebungen sind gerade dann nur noch schwer möglich, doch sie machen ja den Reiz der Aquarelltechnik in vielen Fällen aus.
Noch ein Hinweis zum Fixieren: Mittlerweile bieten viele Hobbyfachgeschäfte auch einen Fixierdienst an. Den sollten Sie nutzen, denn so bekommen Sie Ihre Arbeiten fertig fixiert und vor allem knitterfrei zurück, was beim Fixieren im eigenen Kochtopf durch das faltenreiche Zusammenlegen der Seide leider nicht gewährleistet ist. Deshalb gehe ich hier auf das Fixieren „in der eigenen Küche" nicht näher ein. Fortgeschrittene besitzen ohnehin oft ein eigenes Fixiergerät.

Grundierung

Für das Aquarellieren ist – je nach gewählter Technik – das Bestreichen der Seide mit einem Antifusant, einem Fließstopmittel oder Aquarellgrund unerläßlich. Ausgenommen davon ist natürlich das Fließaquarell.
Dieses Präparieren des Malgrundes bewirkt, daß die Farbe nicht unkontrolliert auseinanderläuft, sondern wie auf einem trockenen Blatt Papier „stehenbleibt".

Zwei Grundierungsarten möchte ich hier kurz erwähnen, nämlich den Aquarellgrund, ein käufliches Fertigprodukt, das auf den Seiten 24–25 näher vorgestellt wird, und die Verdicker-Grundierung, die auf den Seiten 26–27 ebenfalls ausführlich beschrieben wird. Wenn ich im Verlauf dieses Buches von Aquarellgrund oder von präparierter Seide spreche, dann beziehe ich mich auf alle derartigen Mittel.

Zusatzmittel

Alle Zusatzmittel zur Ergänzung des Seidenaquarells werde ich im Kapitel „Mischtechniken" genauer vorstellen (Aufsetzweiß und -schwarz, Kreiden und ähnliches). Da sie aber nicht zur Grundausstattung gehören, bleibt der Kauf allein Ihrer freien Entscheidung überlassen.

Weiteres Zubehör

Unerläßlich sind natürlich kleine Gefäße für Ihre Farbmischungen, für Wasser-Alkohol-Verdünnungen, Wasser zum Pinselreinigen sowie Küchenpapier (oder ein Baumwolltuch) zum Abstreifen der Pinsel oder Entfernen überschüssiger Farbe. Auch Wattestäbchen, ein Fön, ein Bleistift, Zeitungspapier oder Folie zum Abdecken des Tisches – all dies sollte rechtzeitig bereitgelegt werden, bevor Sie mit dem Malen beginnen.

FARBEN MISCHEN

„Learning by doing" ist das Motto dieses Buches, und deshalb möchte ich Sie nicht mit endloser Theorie langweilen. Äußerst hilfreich sind aber einige Grundkenntnisse zur Farbenlehre, denn auf solche Begriffe komme ich im Verlauf des Buches immer wieder zu sprechen. Sie helfen Ihnen, sich in der Welt der Farben besser zurechtzufinden und die gesamte Farbpalette mit Genuß auszuschöpfen.

Grundfarben

Die Farbenvielfalt, die Sie hier sehen, ist aus den Grundfarben Gelb, Rot und Blau gemischt worden.
Grundfarben (Primärfarben) sind reine Farben, die nicht aus anderen Farben gemischt werden können. Aber aus ihnen lassen sich alle anderen bunten Farben mischen. In der Praxis ist es jedoch günstiger, wenn Sie ein warmes Rot (zum Mischen von Orangetönen) und ein kaltes (für Violett) verwenden.

Sekundär- und Komplementärfarben

Werden zwei Grundfarben, zum Beispiel Gelb und Blau gemischt, entsteht die Sekundärfarbe Grün; aus Gelb und Rot wird Orange, und Rot und Blau ergibt Violett. Ordnet man die Grund- und Sekundärfarben auf einem Kreis an, erhält man einen sechsteiligen Farbkreis aus reinbunten Farben.
Die Töne, die sich genau gegenüberliegen, nennt man Komplementärfarbenpaare. Sie enthalten jeweils alle Grundfarben; das Grün beispielsweise, Komplementärfarbe zu Rot, besteht ja aus Blau und Gelb. Ähnlich verhält es sich mit Blau und Orange sowie mit Gelb und Violett. Mischt man Komplementärfarben, wird das Ergebnis ziemlich trübe (graubraun). Nebeneinandergesetzt steigern sie sich aber in ihrer Leuchtkraft.

Eine Zusammenstellung der bunten Farben: Das Zentrum bilden die drei Grundfarben Blau, Gelb und Rot, außen herum sind deren Mischfarben (Sekundärfarben) in verschiedenen Spielarten gruppiert: Violett, Orange und Grün.

Aufgehellte Farben

Seidenmalfarben werden als flüssige Konzentrate angeboten und können je nach Fabrikat durch Hinzufügen von Wasser oder einem Alkohol-Wasser-Gemisch zu hauchzarten Pastelltönen aufgehellt werden. Achten Sie schon beim Kauf der Farben darauf, mit welcher Verdünnung Sie demnächst arbeiten müssen. Ein Zusetzen von Weiß ist nicht erforderlich, denn durch die Verdünnung der Farbe schimmert das Weiß der Seide durch, was am natürlichsten wirkt.

Getrübte Farben

Nicht immer sind bunte Töne in einer Malerei angebracht. Getrübte Nuancen mischt man beispielsweise aus allen drei Grundfarben oder aus Komplementärfarbenpaaren. Es entstehen „getrübte", gräuliche, bräunliche Mischtöne.

Ähnliche Ergebnisse lassen sich auch durch zwei Grundfarben mit Schwarz erzielen. Bei den zuerst genannten Methoden entstehen eher die „warmen", bei der letzten die „kalten" Farbtöne. Es spricht auch nichts dagegen, die Farbpalette durch ein fertig gekauftes Braun zu erweitern.

Ein Mustertuch herstellen

Beginnen Sie Ihre erste Seidenmalerei am besten mit einem Farbmustertuch, das Sie aus nur wenigen Farben (den Grundfarben) und Schwarz herstellen, auch mit zusätzlichen Verdünnungen. Notieren Sie die Ausgangsfarben mit einem wasserfesten Stift direkt auf der getrockneten Farbfläche. Genaue Mischverhältnisse lassen sich am besten mit einer Tropfpipette erzeugen. Solch ein Mustertuch wird zwar ein arbeitsintensives Werk, aber es ist äußerst hilfreich, wenn es um das Nachmischen von Farben geht. Zudem schult solch eine Mischübung das Farbgefühl.

NATÜRLICHES FLIESSEN

Auch bei einem Fließaquarell ergeben sich unterschiedliche Effekte, je nachdem, ob man die Farbe auf oder gegen eine nasse oder trockene Farbe malt. Zum Vergleich: a Naß in Naß, b Naß gegen Naß, c Naß auf Trocken und d Naß gegen Trocken.

a

b

c

d

Ein Seidenaquarell kann auf verschiedene Weisen entstehen. Zunächst möchte ich das „Fließaquarell" vorstellen, für das die Seide *nicht* mit einem Grundierungsmittel präpariert wird. Ab Seite 24 widme ich mich dann dem anderen Verfahren. Das Wissen um den Farbauftrag, die Entstehung von natürlichen Rändern und Strukturen sowie deren Auflösung bilden die Basis für den Einstieg in die Aquarellmalerei auf Seide. Deshalb ist es für den Anfang wichtig, daß Sie die Schritt-für-Schritt-Folgen tatsächlich selbst nachvollziehen und das Zusammenwirken von Farbe und Seide genau beobachten und beherrschen lernen.

Naß-in-Naß-Technik

Bei dieser Art des Farbauftrags – Sie malen dabei in eine nasse Fläche hinein – entstehen reizvolle Farbübergänge und Farbverdrängungen, die viel Raum für Zufälligkeiten lassen. Geben Sie darum den Farben Zeit, damit sie sich ausbreiten können.

Wählen Sie für diese Übung zwei Farben aus, und tragen Sie sie so auf, daß sie sich überschneiden. Warten Sie nicht, bis die erste Farbschicht trocken ist. Machen Sie an einer anderen Stelle die Seide mit Wasser naß. Tupfen Sie dort und zum Vergleich an einer trockenen Partie etwas Farbe auf, und beobachten Sie, was geschieht.

1 Das Ineinanderfließen und Sich-Ausdehnen der Farben beim Naß-in-Naß-Auftrag.

2 Die dritte, senkrechte Linie wurde über die trockene Farbe gemalt (Naß-auf-Trocken-Randbildung).
Beim letzten Auftrag lasse ich die Farben gegeneinander fließen (Naß-gegen-Trocken-Technik).

e Die Blüten und der zarte Hintergrund des Mohnbildes wurden auf weißer Seide naß gegen naß gemalt, die feinen Stiel- und Blattstrukturen naß auf trocken.

e

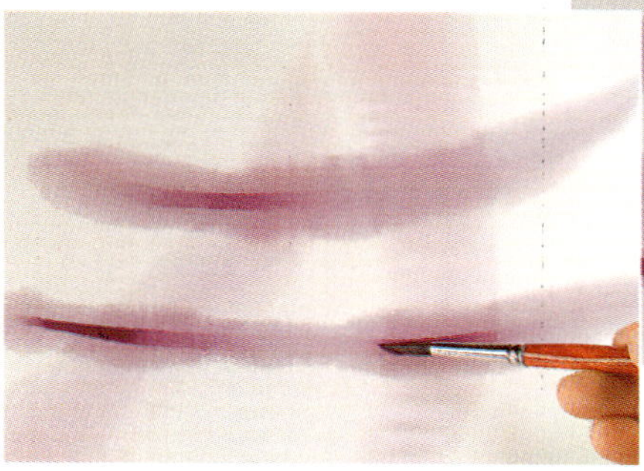

1

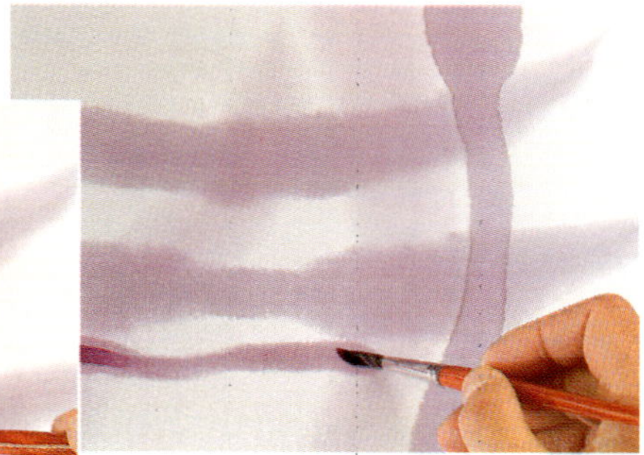

2

Naß-gegen-Naß-Technik

Malen Sie jetzt zwei Farben gegeneinander, so daß sie sich an den Rändern nur berühren, aber nicht überlagern. Beim Zusammentreffen befinden sich die Farben jetzt in einem „Stau" und drängen eher wieder zurück, als daß sie sich vermischen. Durch die hohe Farbfeuchtigkeit bilden sich auf beiden Seiten weiche, fadenähnliche Farbübergänge mit leichter Farbvermischung, bei geringerem Feuchtigkeitsgrad grenzen sich die Farben klar voneinander ab, ohne Farbvermischung. Diese weichen Randbildungen wirken bei zarten Landschaftsaquarellen besonders reizvoll.

Naß-auf-Trocken-Technik

In diesem Fall sollte eine Farbe bereits trocken sein, ehe Sie die zweite darübermalen. Sofort löst die neue Farbe die untere auf, wodurch eine abgegrenzte Mischtonfläche entsteht.

Naß-gegen-Trocken-Technik

Auch diesmal ist eine Farbe bereits trocken. Tragen Sie die zweite vorsichtig und mit einigem Abstand auf, und warten Sie, bis sie sich zur ersten Farbfläche hin ausgedehnt hat. Mit ein wenig Übung können Sie sich bis zum ersten Fließrand „vorarbeiten", ohne daß es zu Farbüberschreitungen kommt.

FARBVERSCHIEBUNGEN

1 Ein Blumenbild entsteht: Die Blüten und den Hintergrund habe ich in der Naß-gegen-Naß-Technik gemalt und den noch feuchten schwarzen Blütenkelch mit grobem Effektsalz bestreut.

1

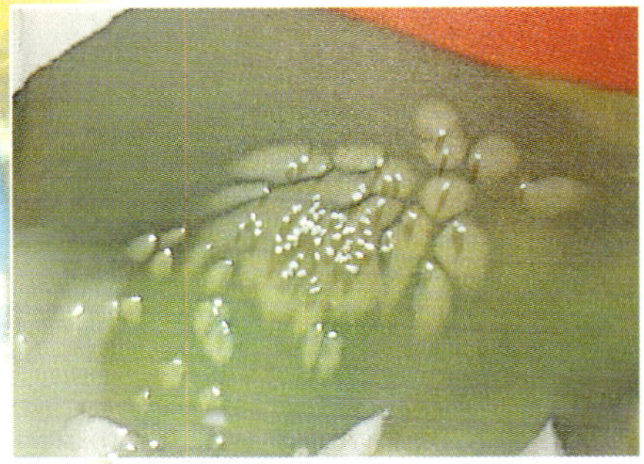

2

Da die dampffixierbare Farbe vor dem Fixieren noch keine Verbindung mit der Seide eingegangen ist, läßt sie sich durch den Auftrag von Wasser oder Alkohol auch auflösen und verschieben. Diesen großen Vorteil der Seidenmalerei (gegenüber dem Aquarellieren auf Papier) kann man für interessante Effekte nutzen. Bis zur Fertigstellung einer Malerei „lebt" das Seidenaquarell, wie auch die Bildreihe zeigt (siehe auch Seite 40–47). Es gibt mehrere Möglichkeiten, um Farben zu „verschieben".

Wasser-Alkohol-Effekte

Wenn Sie eine Wasserlinie oder eine Alkohollinie in eine getrocknete Farbfläche malen, löst ihre Feuchtigkeit die Farbstoffe wieder an. Sie werden mit der sich ausdehnenden Feuchtigkeit nach außen geschwemmt und bilden dort einen dunkleren Rand, während es zwischen den Rändern zu einer Farbaufhellung kommt (Farbverschiebung oder Auswaschtechnik).
Beachten Sie, daß Alkohol schneller verdunstet als Wasser, erst recht in einem trockenen Raum. So kann es sein, daß Sie diesen Vorgang mehrmals wiederholen müssen, bis Sie mit dem Resultat zufrieden sind. Ohnehin sollten Sie ausprobieren, wie unterschiedlich Wasser- und Alkoholeffekte bei Ihren Farben ausfallen. Im allgemeinen werden Wasserränder gezackter als Alkoholränder.

2 **Auf die grüne Fläche unterhalb der roten Blüte streute ich ebenfalls Salz, das schnell wirkt.**

3 **Das Salz in der Blütenmitte ergibt kaum einen Effekt. Wasserränder machen die Blüte plastischer.**

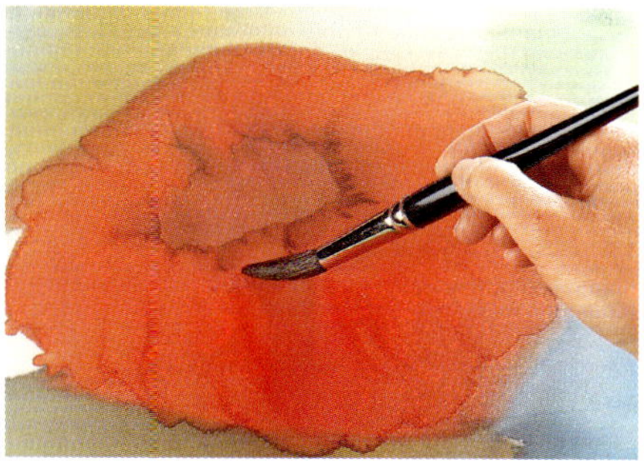

3

4

5

4 **Auch die blaue Blüte erhält durch das Auftragen von Wasser lebendige helle und dunkle Partien.**

5 **Das Blattwerk mit den Salzstrukturen gestalte ich zusätzlich durch den Auftrag von Wasser und leicht verdünnter Farbe.**

Welche Farben sind geeignet?

Das Auswaschen und die Randbildung gelingen bei wasserlöslichen Dampffixierfarben mit Wasser, bei den französischen Seidenmalfarben mit Alkohol am besten, die ja auch mit einem Wasser-Alkohol-Gemisch verdünnt werden müssen. Bügelfixierbare Produkte sind für die Farbverschiebung nicht gut geeignet. Denn hier handelt es sich um Pigmentfarben, die ein Bindemittel enthalten. Sie lassen auch schon vor dem Bügelfixieren die Farbteilchen an den Seidenfasern haften.

Salz-Effekte

Streuen Sie trockenes Salz auf eine noch feuchte Farbfläche, zieht es die Feuchtigkeit an und mit ihr die Farbstoffe (Salz ist hygroskopisch). Das Salzkorn hinterläßt je nach Größe bizarre Spuren, hellere Flächen und kleine Ränder. Auch hier handelt es sich um eine Farbverschiebung. Allerdings darf die Seide weder zu naß noch zu trocken sein: Im ersten Fall lösen sich die Salzkristalle eher auf, als daß sie die gewünschten Effekte hervorrufen. Bei zuwenig Feuchtigkeit entsteht ebenfalls keine Reaktion. Ein bißchen Glück und ein gutes Gespür für den richtigen Zeitpunkt des Salzauftrags sind für das Zustandekommen schöner Strukturen nötig. Die schönsten und schillerndsten Strukturen bilden sich übrigens bei gemischten Farben.
Mit dem Entfernen des Salzes müssen Sie so lange warten, bis Salz und Seide vollkommen trocken sind. Nur so vermeiden Sie unliebsame Farbspuren auf Ihrer Arbeit (oder auf dem Fußboden).

a

6

6 **Das auf der vorigen Seite begonnene Bild wird weitergestaltet. Durch den Einsatz von Wasser und Fön erzeuge ich neue Strukturen und Ränder in der roten Blüte.**

7 **Zusätzliche rote Farbe intensiviert die Blüte, läßt neue Ränder entstehen.**

7

Föneinsatz

Wie Sie schon aus dem vorherigen Kapitel wissen, entstehen durch den Auftrag von Wasser oder Alkohol sowohl Ränder als auch Aufhellungen der Farben. Aber auch der Einsatz eines Föns während des Malens kann für Randbildungen verantwortlich sein, weil durch die Hitzeeinwirkung rasch unterschiedliche Feucht- und Trockenflächen entstehen, die für die typischen Naß-in-Trocken-Randbildungen sorgen. Dieses Phänomen kann man für gestalterische Zwecke gezielt nutzen.

Oft dehnt sich beispielsweise eine Farbe in eine angrenzende Farbfläche aus, der Rand wirkt störend auf das Ergebnis ein. Hier können Sie korrigieren, indem Sie durch Wasser- oder erneuten Farbauftrag den Rand so weit zurückdrängen, daß beide Farbflächen wieder stimmig aneinandergrenzen. Der Fön hilft dabei, den neuen Rand dort festzuhalten, wo Sie ihn haben möchten. Er dient also nicht nur einfach dazu, die Trocknung generell zu beschleunigen, sondern kann auch dafür sorgen, daß Fließbewegungen mit ihren Randbildungen frühzeitig gestoppt werden.

8 Aus Unzufriedenheit mit dem Ergebnis (die Blüte wirkte jetzt zu unruhig) übermalte ich wieder alles, löste die Ränder durch Farbverschiebungen mit Wasser auf. Außen bildete sich eine neue Kontur.

9 Eine neue, klarere Blüte nach weiterem Übermalen.

10

9

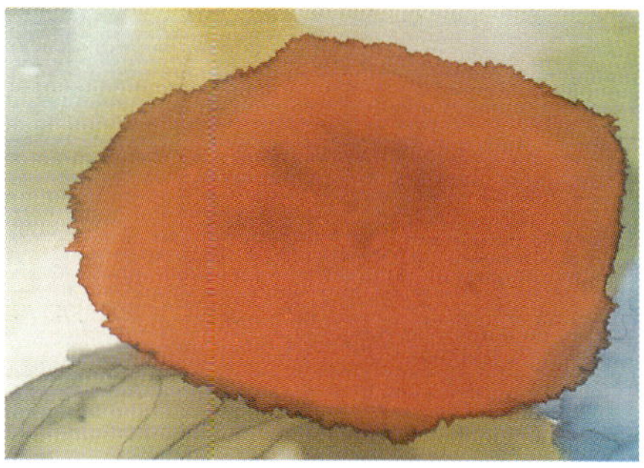

8

10 Zum Schluß rückte ich die dunkelgrünen Blattflächen optisch in den Vordergrund. Die Intensivierung der Farbe und neue Ränder im Wechsel mit hellen Partien sorgen für die räumliche Tiefe bei der Blattgestaltung (Naß-in-Trocken-Technik).

a Das Beispiel oben links zeigt, wie einfach ein abstraktes Bild durch Farbverschiebung zu gestalten ist.

Ränder auflösen

Nun kann es ja vorkommen, daß Sie mit den Rändern und Strukturen nicht zufrieden sind. Doch bei einem Fließaquarell haben Sie ja die Möglichkeit zur Farbverschiebung. Jetzt brauchen Sie allerdings etwas Mut, um die „verpfuschten" Flächen kurz mit Wasser anzufeuchten: Die Farbstoffe lösen sich an und lassen sich mit dem Pinsel vorsichtig verreiben. Halten Sie Papiertücher bereit, um eventuell überschüssige Feuchtigkeit abzutupfen und noch größeren Farbausdehnungen vorzubeugen. Auch der Fön kann helfen. Wollen Sie den Farbton intensivieren, malen Sie erneut mit Farbe in die Fläche hinein.

Ränder festhalten

Nachdem Sie nun einige Ränder aufgelöst haben, ist hier und da bestimmt wieder eine neue Randbildung erforderlich. Sie können nun ohne Probleme beim zweiten Versuch Ihr Motiv mit ganz anderen Strukturen versehen als beim ersten Mal. Wie die verschiedenen Vorgehensweisen bei der Farbverschiebung zeigen, sind sie nicht nur ein wichtiges Gestaltungselement speziell beim Fließaquarell, sondern auch eine unentbehrliche Korrekturmöglichkeit.

FARBVERLÄUFE

1 **Die Farbe Gelb wird mit Hilfe eines Wattebausches zügig und gleichmäßig bis zur Mitte der Fläche aufgetragen.**

2 **Die Farbe Blau trage ich von der anderen Seite auf, bis sie fast an das Gelb stößt.**

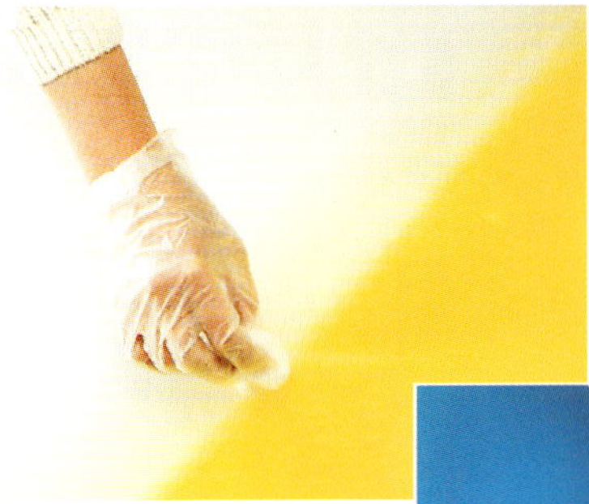

1

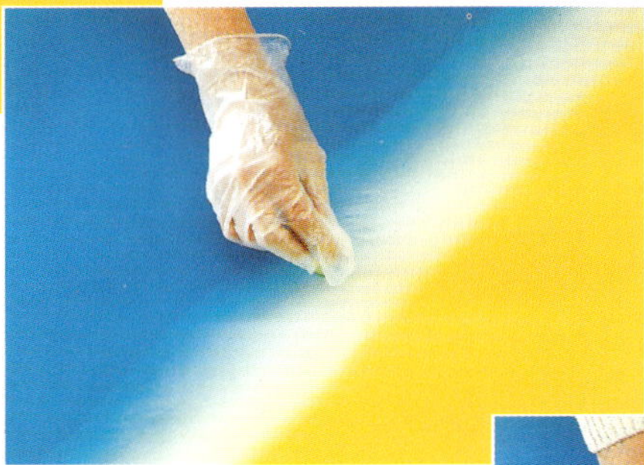

2

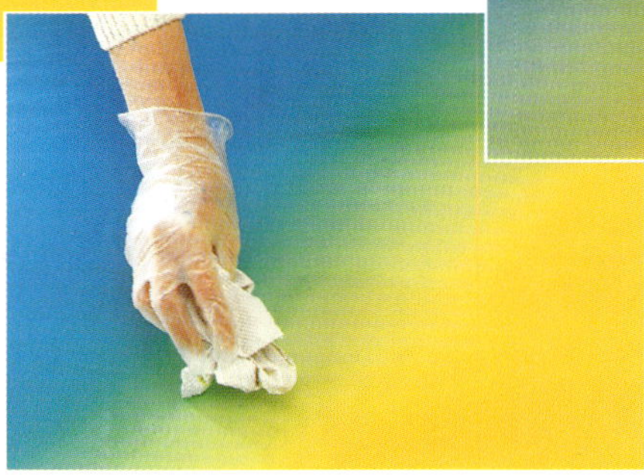

3

4

Sobald sich innerhalb einer Fläche eine Farbe allmählich verändert, spricht man von einem Farbverlauf. Beispiele: Eine Farbe wird heller, trüber, dunkler oder verwandelt sich mit weicher Übergangszone in einen ganz anderen Farbton.
Farbverläufe kann man ganz gezielt, auch in größeren Flächen, anlegen, was im Folgenden beschrieben wird. Ansonsten ergeben sie sich auch auf ganz natürliche Art bei einem Fließaquarell.

Farbverlauf von Dunkel nach Hell

Schöne Farbübergänge sind für ein lebendiges Fließaquarell unerläßlich. Deshalb sollten Sie zu Beginn üben und gleich einige Farbverläufe von Hell nach Dunkel und umgekehrt anlegen. Sie können diese Versuche später als Gestaltungsgrundlage für Himmel, Fluß oder Wasserdarstellungen verwenden. (Siehe auch Seite 56.)
Ein Verlauf von Dunkel nach Hell entsteht beispielsweise folgendermaßen: Mischen Sie den gewünschten dunkelsten Ton an, und tragen Sie ihn zügig am oberen Bildrand auf. Arbeiten Sie

3 **Mit einem neuen nassen Wattebausch habe ich die Farben vorsichtig ineinander verrieben und trockne nun den entstandenen Übergangsbereich mit einem Papiertuch.**

4 **Die eingefärbte Seide sollte ohne Fönbehandlung trocknen, damit sich keine Ränder oder Flecken bilden.**

a **Farbverläufe von Dunkel nach Hell bilden in vielen Landschaftsaquarellen die erste „Schicht", nämlich die des Himmels. Beobachten Sie ihn einmal in der Natur: Zum Horizont hin wird er immer blasser.**

a

sich in Streifen naß in naß weiter nach unten vor, wobei Sie den Farbton immer mehr verdünnen, bis Sie nur noch Wasser im Pinsel haben.

Farben gegeneinander malen

Wollen Sie einen weichen Übergang von einer Farbe zu einer anderen erzeugen, können Sie die Töne direkt auf der Seide mischen. Das funktioniert am besten auf dünner, glatter Seide. Die Bildfolge demonstriert diese Möglichkeit: Hier werden die Farben Gelb und Blau gegeneinander bis zur Mitte aufgetragen, mit einem neuen, nassen Wattestück vorsichtig ineinandergearbeitet und anschließend mit einem Papiertuch trockengerieben. Es ergibt sich dadurch eine grüne Zwischenzone, ein natürlicher Mischbereich. Um die Hände sauberzuhalten, sind Handschuhe empfehlenswert.
Wer will, feuchtet die Seide zu Beginn an, um vorzeitiges Trocknen zu verhindern. Allerdings werden die Farben dadurch blasser.

1

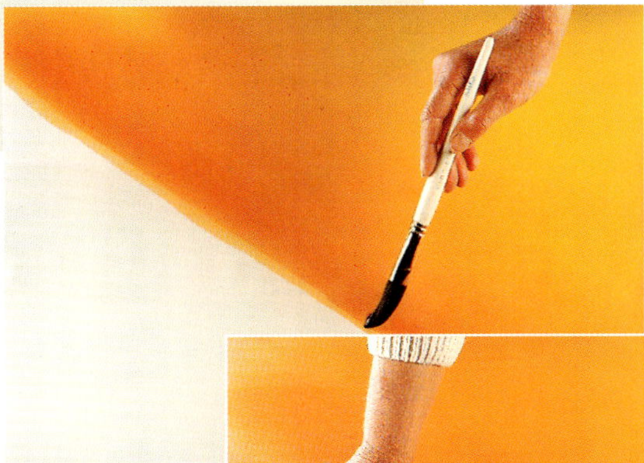

2

3

4

1 Für diese Bemalung mit weichen Übergängen habe ich die Farben vorab verlaufsgerecht gemischt. Ich beginne den Naß-in-Naß-Auftrag mit Gelb, ...

2 ... gehe zu Orangegelb über, ...

3 ... schließlich zu Orangerot, Rot und Rotbraun.

Farbverläufe, weiche Übergänge: das A und O der Aquarelltechnik!

Farben verlaufsgerecht mischen

Eine andere Möglichkeit, einen sehr gleichmäßigen Verlauf zu gestalten, besteht darin, die gewünschten, miteinander verwandten Töne vorab zu mischen, ausgehend von einer Farbe. Nachdem Sie von der ersten Farbe etwas aufgetragen haben, gießen oder tropfen Sie von der nächsten nach und nach etwas in die erste hinein, während Sie die Fläche Streifen für

4 **Das fertige Ergebnis zeigt, daß ich beim Übergang zu Rot noch sorgfältiger hätte vorgehen können, denn hier zeigt sich eine unschöne Stufe.**

a **Das Blumenbild zeigt Farbverschiebungen und Farbverläufe in den unterschiedlichsten Ausprägungen: von Dunkel nach Hell und von einer Farbe zur anderen. Die Reihenfolge beim Malen: Zuerst habe ich die Blüten gemalt, dann den weich fließenden Hintergrund, zum Schluß gestaltete ich die Blätter und Gräser (Naß-in-Trocken-Technik).**

a

Streifen gleichmäßig weiterbemalen. Danach gießen Sie von dem dritten Farbton immer mehr in das Mischgefäß, so daß sich schließlich weiche Farbübergänge auf der Seide ergeben.
Soll der Verlauf sehr bunt werden, benötigen Sie mehr vorher gemischte Töne; bei nur geringem Farbunterschied kommen Sie mit drei Stufen aus. Die Bildfolge zeigt einen Farbverlauf, für den das Gelb nach und nach mit Rot angereichert und jeweils in zügigen Pinselstrichen naß in naß aufgetragen wurde, bis sich fast ein Braun ergab. Auch hier kann es ratsam sein, die Seide vorher mit Wasser anzufeuchten, so daß sich die Farbstoffe noch gleichmäßiger verteilen können. Wichtig ist bei diesem Verfahren, daß Sie die Farbe *nicht* naß *gegen* naß, sondern naß *in* naß auftragen, damit sich keine Ränder oder Streifen bilden.

MALEN AUF PRÄPARIERTER SEIDE

1

2

1 Hier trage ich den Aquarellgrund in Streifen auf die gespannte Seide auf, um anschließend das unterschiedliche Fließverhalten der Farbe zu testen.

2 Die präparierten Streifen sind deutlich zu erkennen, sie wirken hier weißer als die übrige Seide. Aber auch die aufgemalten blauen Linien zeigen: Auf dem getrockneten Aquarellgrund fließt die Farbe kaum auseinander, in den nicht präparierten Bereichen breitet sie sich in gewohnter Weise aus und bildet kontrastreiche Ränder.

Nachdem Sie nun die Grundtechniken für das Fließaquarell kennengelernt haben, möchte ich Ihnen nun zeigen, wie man auf präparierter Seide malt.

Der Einfluß einer Grundierung

Solch eine Grundierung soll das Auseinanderfließen der Farben verhindern, der Pinselstrich bleibt sichtbar, die Formen – auch ohne Gutta – werden deutlicher umrissen, Zufallseffekte nehmen ab. Die Wirkung der Grundierung ist auf den Abbildungen leicht zu erkennen.

Der Aquarellgrund, den ich für diese Zwecke verwende, ist eine weiße, milchige Flüssigkeit, ein Fertigprodukt, das sich hervorragend für Landschafts-, Blumen- und schnelle Aktionsaquarelle eignet, bei denen die flotte Handschriftlichkeit des Pinselstrichs sichtbar bleiben soll. Dadurch können Sie annähernd so wie auf trockenem Papier aquarellieren.
Ein Tip: Vorsicht beim Umgang mit dem Fön! Da die Farben oft zunächst als Tropfen auf der präparierten Seide „stehen", gibt es leicht Spritzer.

a Ein Versuch ohne Aquarellgrund auf einem trockenen Farbverlauf: Die Farbe fließt auseinander, löst die darunterliegende Schicht an und lagert sie als Rand außen ab.

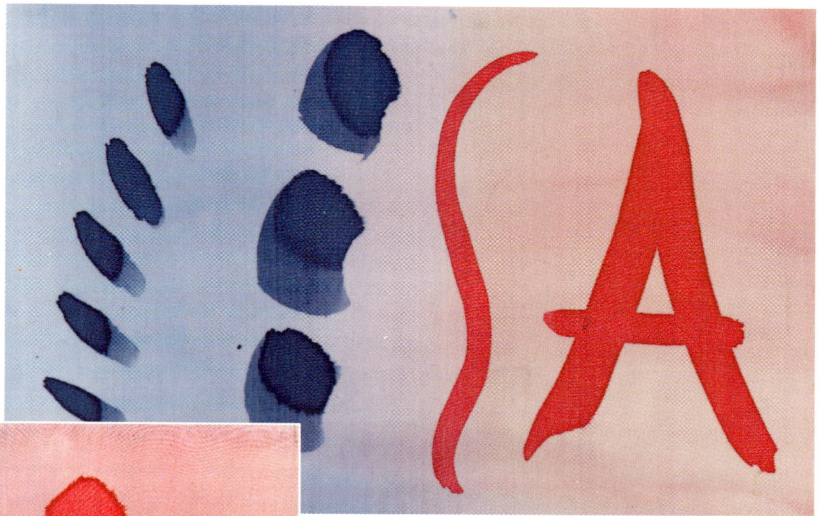

b

a

b Mit Aquarellgrund: Auch für diesen Versuch malte ich zuerst den Farbverlauf, strich aber diesmal nach dem Trocknen Aquarellgrund darüber. Deutlich ist der Unterschied zu sehen.

Aquarellgrund auftragen

Tragen Sie die Grundierung sehr sorgfältig und gleichmäßig auf. Die weiße Seide können Sie zügig mit Hilfe eines Wattebausches einstreichen; bei farbigem Untergrund ist ein zügiger Pinselaufstrich ratsamer, weil sich die untere Farbschicht sonst zu stark auflöst. Nur wenn Sie es ganz eilig haben, sollten Sie den Fön benutzen, um das Trocknen zu beschleunigen. Doch Vorsicht, es kann dann nämlich Ränder geben; sie verschwinden zwar, wenn sie übermalt werden, aber in weißen Flächen bleiben sie sichtbar. Auch ein Nachteil sei erwähnt, den der Einsatz des Aquarellgrundes mit sich bringt: Er nimmt der Seide den Glanz. Sie wirkt stumpfer, etwas gräulicher und fühlt sich steifer an als unpräparierte Seide. Doch bei Bildern, die gerahmt sind, ist der Fall der Seide ja ohnehin nicht von Bedeutung, im Gegensatz zu Tüchern oder Kleidung.

LASURTECHNIK – SCHICHT FÜR SCHICHT

a

c

b

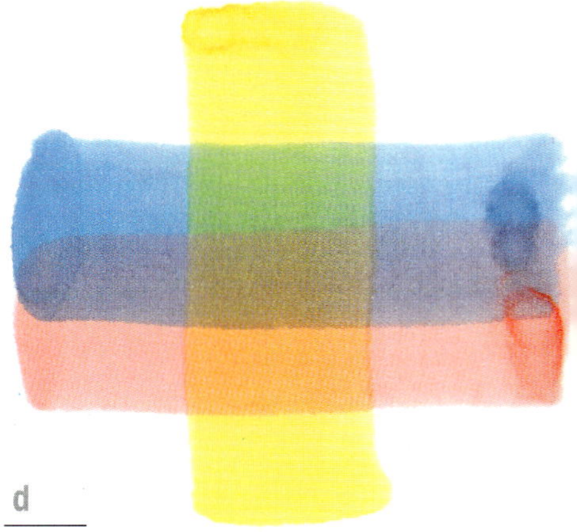

d

b Lasuren (naß auf trocken) auf einer Farbverdicker-Grundierung: Die unteren Farben scheinen hervorragend durch, bleiben „in Form" und bringen klare Mischtöne hervor, so wie das beim Lasieren erwünscht ist.

a Auf nicht präparierter Seide: Lasuren in der Naß-auf-Trocken-Technik mit drei Farben. Die unteren Farben und ihre Ränder lösen sich stark auf, verwaschen, die obere Schicht rückt durch den deutlichen Rand stark in den Vordergrund. Der typische Lasur-Charakter ist hier nicht gegeben.

Die Besonderheit der Lasurtechnik liegt in ihrer transparenten Wirkung. Denn die zarten, stark verdünnten Farbaufträge erfolgen zwar in mehreren Schichten, lassen aber die untersten Farben und die neu entstandenen Mischtöne in ihrer Vielfalt durchscheinen. Dadurch wirkt das Motiv leicht. Die übereinandergelegten Formen und Pinselstriche sollen erkennbar bleiben, deshalb ist die Seide auf jeden Fall zu präparieren.

Da Sie nur über getrocknete Farbschichten malen dürfen, erfordert das Lasieren ein wenig mehr Zeit und Konzentration als alle anderen Aquarelltechniken, sowohl beim Farbenmischen als auch beim Farbauftrag. Lediglich der Fön verkürzt die Wartezeit in den Trockenphasen ein wenig.

Vorteile der Grundierung

Eigentlich möchte ich Ihnen gleich vom Lasieren auf nicht präparierter Seide abraten, obwohl es theoretisch auch möglich ist. Das Ergebnis ist einfach nicht zufriedenstellend, weil sich die darunterliegenden Farben zu stark auflösen und verwaschen, so daß der

c Auch beim Lasieren auf Aquarellgrund scheinen die Farben sehr gut durch und bringen noch intensivere Mischtöne hervor als im ersten Beispiel. Nur die Randbildung mag manchen stören, sie muß aber nicht immer von Nachteil sein.

d Hier noch einmal Lasuren auf einer Farbverdicker-Grundierung, allerdings unter Einsatz des Föns, gut erkennbar an den dunkleren Farbflecken in der jeweiligen Farben.

e Ein Blumenbeispiel, gemalt auf einer Farbverdicker-Grundierung.

e

typische Lasurcharakter verlorengeht. Die starken Ränder, die durch diese Farbverschiebung entstehen, machen die Malerei zu hart und kontrastreich, die Tiefenwirkung und Transparenz gehen verloren. (Beachten Sie auch die Seiten 58–59.)

Aquarellgrund und Farbverdicker

Bei der Erstellung der Beispiele ist mir die brillante Lasurfähigkeit auf der Grundierung aus Farbverdicker aufgefallen: Es entstehen kaum Ränder, höchstens durchs Fönen. Die Farben bleiben gut „stehen" und ergeben hervorragende Mischtöne. Außerdem bleibt der Glanz der Seide erhalten. Ein schöner Vorteil, wie ich meine.
Natürlich haben aber auch feine Ränder und Strukturen ihren Reiz. Diese erhält die Lasur auf der mit Aquarellgrund präparierten Seide. Auf jeden Fall sollten Sie die verschiedenen Grundierungen selbst ausprobieren und herausfinden, welche Ihnen am meisten „liegt".
Im Blumenbild sind die Lasuren und Pinselspuren gut sichtbar; gleiche Farbtöne übereinander werden intensiver.

1 **Ein Bild in der Lasurtechnik entsteht. Ich präparierte die Seide mit Farbverdicker und ließ die Grundierung trocknen. Die Papierskizze zeichne ich mit Bleistift auf die Seide durch.**

2 **Das „Stilleben" zeigt Dinge, die auf meinem Arbeitsplatz liegen, auch ein Papiertuch mit Farbproben. Hier male ich diesen Hintergrund und spare die Gegenstände zunächst aus.**

7

1

2

Ein Motiv finden und umsetzen

Wenn Sie die Vorübungen erfolgreich erprobt haben, sollten Sie sich einfach einmal mutig auf ein eigenes Motiv einstimmen und in der Lasurtechnik malen. Am besten eignen sich farblich und formal klare sowie graphisch reizvolle Motive: formschöne Krüge, Gläser oder Flaschen sowie geometrische Flächenanordnungen, beispielsweise Häuser, Dächer und so weiter.

Seidenmalfarben sind keine Deckfarben, deshalb: Bildaufbau von Hell nach Dunkel!

3 Mit Hilfe des Föns male ich die erste hellrote Schicht der Klammer und die des Pipettengummis.

4 Durch Übermalungen (Lasuren) erhielt die Klammer mehr Plastizität. Möglichst realistisch soll auch der Schraubverschluß der Pipette aussehen.

5 Das Glas der Pipette gestalte ich mit türkisfarbenen und braungelben Lasuren. So wirkt es transparent.

6

5

4

3

6 Im Vordergrund liegt eine Bilderrahmenhalterung aus Metall, deren Farbton ich durch mehrere Lasurschichten intensivierte. Weitere Farbkleckse und Pinselspuren lockern das gesamte Arrangement auf.

7 Links das fertige Bild: Auch anhand eines eher zufälligen Stillebens läßt sich eine vielleicht ungewohnte Technik – hier das Lasieren – erproben.

Für die gezeigte Bildfolge habe ich ein Stilleben aus meinen Malutensilien zusammengestellt und einige kleine Skizzen angefertigt, bevor ich sie auf die Seide übertragen habe.

Übung macht den Meister

Natürlich müssen Sie jetzt ein wenig üben und ein Motiv vielleicht mehrmals malen. Zieht Sie die Lasurtechnik aber erst einmal in ihren Bann, dann werden Malbegeisterung und gute Malergebnisse nicht lange auf sich warten lassen. Auf jeden Fall helfen Ihnen diese Übungen, sich von der Vorstellung zu befreien, daß beim Aquarellieren auf Seide immer verschwommene oder mit Salzstrukturen überladene Ergebnisse entstehen. Es läßt sich auch sehr konkret und realistisch auf Seide malen, ganz ohne Gutta.

EXPERIMENTE MIT DEM FARBAUFTRAG

a

b

c

d

a Hauchdünne Linien erzeugt man am besten mit einem dünnen, spitzen Pinsel, zum Beispiel für die Gestaltung von Gräsern, Verästelungen in Bäumen, auch für kalligraphische, an Schrift erinnernde Verzierungen oder ganz feine Muster.

b Die Größe und Form unterschiedlicher Pinsel kann man direkt für ein bestimmtes Bildmotiv nutzen, zum Beispiel für Blütenblätter.

c Der Fächerpinsel eignet sich gut für unregelmäßige Strukturen und sorgt zum Beispiel für eine aufgelockerte Blatt- oder Hintergrundgestaltung bei Blumenaquarellen.

Neues auszuprobieren macht einfach Spaß, weil es an keine ehrgeizigen Erwartungen gebunden ist. Frei und unschuldig wie ein Kind können Sie Ihren Impulsen folgen. „Mißlingt" etwas, kann es einfach fallengelassen werden. Gelungenes wird mit Begeisterung als neues Gestaltungsmittel willkommen geheißen.
So erging es auch mir in der Ausprobierphase und bei der Zusammenstellung der vorliegenden Beispiele. Die Aquarelltechnik bietet so viele interessante Möglichkeiten, die Sie unbedingt selbst einmal erproben sollten. Ihr gestalterisches Repertoire wird sich dadurch sogleich erweitern.

Spurensuche

Für alle diese Experimente muß die Seide präpariert werden, beispielsweise mit Aquarellgrund oder einer Farbverdickergrundierung. Denn nur so bleiben die Spuren sichtbar erhalten, die Farbe fließt nicht auseinander.

d Der breite Borstenpinsel läßt sehr schöne „Kratzmuster" entstehen, die beim expressiven Malen besonders gut zur Geltung kommen. Zwei Farben im Pinsel ergeben ganz besondere Effekte.

e Als ein zuverlässiges Malwerkzeug haben sich Bilderrahmenklammern erwiesen. Mit ihnen lassen sich verdickte Farben flächig auf die Seide „spachteln".

g

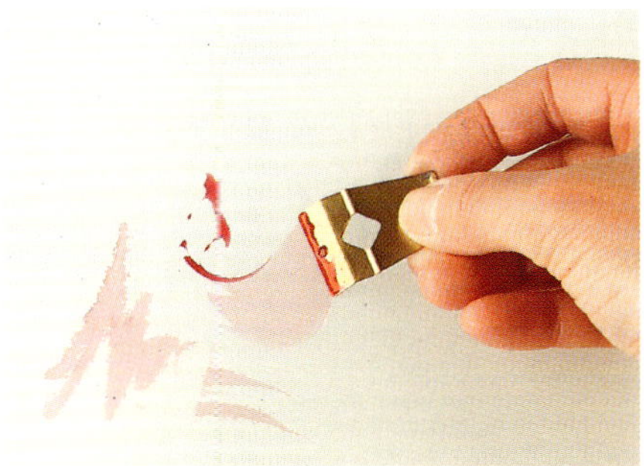

e

f

Eine weitere Möglichkeit: Sie dicken die Seidenmalfarbe (zusätzlich) an. Erproben Sie zunächst die verschiedenen Pinsel, mit denen sich die (verdickten) Farben so unterschiedlich auftragen lassen. Sie hinterlassen reizvolle Spuren, auch schwungvolle, dünne Linien, die an kalligraphische Vorübungen erinnern können. Warum nicht auch einmal Seidenmalfarbe mit einer Rohrfeder auf die Seide zeichnen? Oder breite Linien mit einem Metallstück ziehen?

f Die Rohrfeder ist für lebendige Linien, auch für Schriftgestaltungen und Vorskizzen auf Seide gut geeignet.

g Diese kleine Flußlandschaft ergab sich aus einer Rohrfederzeichnung mit nachträglich aquarellierten ruhigen Flächen.

a

a Diesen Strauß malte ich (ohne Pinsel) mit einer Wäscheklammer und Rohrfeder auf die präparierte Seide. Teilweise legte ich über getrocknete Partien weitere Lasuren und löste einige Linien wieder auf.

b Die Wäscheklammer als Malinstrument wirkt auf den ersten Blick recht ungewöhnlich, doch sie „zaubert" schöne unregelmäßige Linien und Flächen hervor, wie das Bildbeispiel zeigt. Die Farbspuren wirken lebendig und vom Zufall geprägt, da die Farbabgabe nicht gut zu steuern ist.

Mit Wäscheklammern malen? Interessante Überraschungseffekte gibt's gratis...

Andere Malwerkzeuge erproben

Vielleicht regt Sie der Gedanke an, Gegenstände unter dem neuen Aspekt zu betrachten, daß Sie mit ihnen eventuell auch Seide bemalen könnten. Schon auf der vorigen Seite sahen Sie, daß eine Metallklammer breite Farbspuren ziehen kann. Verwerfen Sie deshalb „verrückte" Vorstellungen nicht, sondern experimentieren Sie. Wie heißt es doch so schön: „Probieren geht über Studieren".

c Auch eine zerknüllte Plastiktüte kann als Farbträger dienen. Sie bringt ebenfalls sehr unregelmäßige Strukturen hervor.

d Die Pipette sollte stets in Verbindung mit Wattestäbchen benutzt werden, da die Farbe sehr „überschüssig" auf die Seide gelangt. Es kommt auch auf präparierter Seide zu Farbausdehnungen und Rändern.

e

d

b

c

e Wattestäbchen sind für den gezielten Einsatz zu empfehlen, zum Beispiel für gleichmäßige Punkte und zarte Gräser.

Auf meiner „Erkundungsreise" habe ich zum Beispiel festgestellt, daß sich mit Wattestäbchen nicht nur überschüssige Farben entfernen, sondern auch die gleichmäßigsten Punkte tupfen lassen. Mit einer Wäscheklammer oder einer Pipette erhalten Sie schöne abstrakte Linien und Flächen, es lassen sich herrlich schwungvolle Vorskizzen damit erstellen. Auch die unregelmäßige Linienführung einer kleinen zerknüllten Plastiktüte ist interessant.

Die Beispiele sprechen vielleicht für sich und regen Sie hoffentlich zur Nachahmung und weiteren Ideenfindung an. Ungewöhnliche Formen durch ebensolche Materialien können helfen, Bewegungsabläufe im Malprozeß zu erspüren und führen zur expressiven Malerei. Unerläßlich ist es aber, die Seide vorab zu präparieren, etwa mit Aquarellgrund oder einer Farbverdickergrundierung, damit die Farbspuren in ihrem Charakter erhalten bleiben.

EFFEKTE MIT HILFSMITTELN

a

a Für diesen Versuch habe ich bügelfixierbare Farben verwendet und die Malerei gebügelt (zwischenfixiert), bevor ich mit Aufsetzschwarz und -weiß Akzente gesetzt habe. Das Ergebnis ist befriedigender als bei dampffixierbaren Farben.

b Die weiße Blüte wurde durch Verdicker pur ausgespart, anschließend malte ich den Hintergrund außen herum. Die Blumen in Violett trage ich mit verdickter Farbe auf die naß in naß grundierte, aber trockene Seide auf.

Nun kommen wir in Grenzbereiche, wir verlassen die „reine" Aquarelltechnik. Zwar möchte ich hier nicht so weit gehen und die Konturentechnik mit einbeziehen, da das ein ganz neues Thema wäre. Doch sollten Sie durchaus offen sein für andere Materialien, wenn sie sich gut in die freie Aquarelltechnik einfügen lassen.

Farbverdicker pur

Den Farbverdicker haben Sie schon als Grundierungsmittel kennengelernt. Sie können ihn aber auch wie eine „Reservierung" mit dem Pinsel, Spachtel oder ähnlichem an ganz bestimmten Stellen auf die Seide auftragen und trockenfönen. So entstehen weiße Aussparungen, wenn Sie außen herummalen. Einen besonderen Reiz erhält eine partieweise reservierte Arbeit, wenn Sie sie in der Fließtechnik zu Ende gestalten.

Verdickte Farben

Geben Sie etwas Verdicker in ein kleines Gefäß, und färben Sie ihn mit Seidenmalfarbe ein. Solche verdickten Farben ermöglichen schichtweises Lasieren und einen spontanen Auftrag ohne Zuhilfenahme von Gutta und ohne Präparieren der Seide: Die Farben fließen nicht auseinander! Auch hier gilt: Nur sparsam eingesetzt, ergänzen sie das Fließaquarell hervorragend.

c Wachslinien werden über die weiße und unbemalte Seide gezeichnet. Will man sie anschließend als Trennlinien nutzen, um dann mit flüssigen Farben weiterzumalen, föhnt man das Wachs, damit es in das Gewebe eindringt.

d Versuche mit Aufsetzweiß: Sorgfältig ummalt, bleibt es als sattes Weiß stehen. Es wirkt dann so wie eine Reservierung. Malt man es über Dampffixierfarben, löst es sie an.

d

c

b

Wachskreiden

Selbstverständlich sollten Sie nur Seidenmal- oder Textilwachskreiden (Stoffmalkreiden) verwenden. Wachskreiden können Sie zum Beispiel vor dem Malen auftragen: als eigenständiges Gestaltungsmittel oder als Trennmittel. Aber auch wenn Ihre Seidenmalerei fast fertig ist, lassen sich hier und da Akzente mit Wachskreiden hinzufügen. Soll das Wachs als Trennmittel dienen, muß es vor dem Ausmalen sorgfältig mit dem Fön „angeschmolzen" werden. Damit solche Linien nicht zu dünn und durchlässig sind, zieht man sie am besten dann, wenn die Seide auf einer festen, glatten Unterlage liegt. Reizvoll sind auch Durchreibeeffekte.

Aufsetzweiß und -schwarz

Diese beiden Zusatzmittel lassen sich am besten auf bügelfixierbare Farben auftragen, idealerweise nach dem Fixieren. Dann bleiben sie deckend auf der Untermalung stehen. Dampffixierfarben hingegen färben (vor dem Fixieren) das Weiß ein.

Mischweiß

Spezielles Mischweiß wird, wie schon der Name sagt, in der Regel nicht nachträglich aufgemalt, sondern man setzt es den Seidenmalfarben für spezielle Effekte zu. Es entstehen milchige, für ein Aquarell eher untypische Pastelltöne (siehe auch Seite 52).

DAS SEIDENBILD IM PASSEPARTOUT

1

2

3

1 Das Passepartout ist bereits ausgemessen und zugeschnitten (mit einem Cutter), der Bildausschnitt wird überprüft. Danach muß die eventuell überstehende Seide abgeschnitten werden.

2 Nun ist es wichtig, zunächst die vier Ecken mit Klebefilm zu fixieren und anschließend nochmals zu prüfen, ob der Ausschnitt noch stimmt.

Für ein fertig gemaltes, gelungenes Seidenbild stellt sich die Frage der Präsentation: Wie befestige ich das Stück Seide, damit ich es rahmen und aufhängen kann?
Sie können Ihre Seidenmalerei zwar einem Bilderrahmengeschäft anvertrauen, doch möchte ich Ihnen eine erschwingliche Methode zeigen, die ich selbst anwende.

Maße

Am Ausgangspunkt aller Überlegungen steht das Bildformat: Wie groß (Höhe mal Breite) ist der Bildausschnitt, den ich zeigen möchte? So groß muß der Innenausschnitt des Passepartouts werden. Der Rand sollte nicht zu knapp ausfallen, großzügiger sieht ein Bild aus, wenn es von genügend Weißraum umgeben ist. Für diese Außenmaße kann auch die Größe eines vorhandenen Bilderrahmens ausschlaggebend sein.

Material

Im Handel gibt es spezielle Passepartoutkartons, dennoch reicht für manche Fälle preiswerteres Material aus. Ich verwende zum Beispiel die 2 mm starke Cromapappe (75 x 100 cm) aus einer Druckerei, die aber mit der Zeit etwas vergilbt. Außerdem benötigen Sie eine schnittfeste Unterlage, ein längeres Lineal oder eine Reißschiene, einen Bleistift, eine Schere, ein Papierschneidemesser (Cutter) sowie Klebefilm.

Zuschneiden und Ausschnitt festlegen

Aus der Pappe schneide ich mir zwei gleiche Kartons in der Größe des späteren Rahmens zu (= Außenmaß des Passepartouts). Der eine Karton wird die Bildrückwand, die auf jeden Fall weiß sein soll, damit die Farben nicht verfälscht werden. Auf den zweiten Karton zeichnen Sie das Innenmaß des

3 **Jetzt erst darf eine Seite festgeklebt werden, danach unter leichter Spannung die gegenüberliegende.**

4 **Die dritte Kante ist an der Reihe, gefolgt von der gegenüberliegenden, wobei man alle Wellen glattzieht.**

5 **Perfekt gespannt kann das Bild nun mit dem Passepartout gerahmt werden. (Wie dieses Bild gemalt wurde, sehen Sie auf Seite 40/41.)**

5

4

geplanten Passepartouts genau mittig auf und schneiden die Innenfläche mit dem Cutter sorgfältig heraus.
Plazieren Sie das Seidenbild auf der Rückwand, darüber paßgenau das Passepartout, und legen Sie den Bildausschnitt genau fest. Schneiden Sie die eventuell über den Außenrand hinausragende Seide ab.

Befestigung

Kleben Sie zunächst nur die vier Bildecken unter leichter Spannung mit Klebefilm auf der Rückwand fest. Zur Sicherheit kann man den Passepartoutkarton nochmals probeweise darüberlegen; die Ecken lassen sich jetzt noch korrigieren. Befestigen Sie erst jetzt eine Kante mit Klebefilm auf der Rückwand. Fahren Sie dann mit der gegenüberliegenden Seite fort, dabei spannen Sie die Seide etwas. Lassen Sie sich aber noch nicht von Wellen stören.
Befestigen Sie jetzt die dritte Kante und dann (unter Spannung) die gegenüberliegende Seite. Nun sind keine Wellen mehr zu sehen. Wenn das doch der Fall sein sollte, sind „Nachbefestigungen" nötig. Jetzt legen Sie das Passepartout darüber – nun kommt Ihr Bild richtig zur Geltung.

Rahmung

Zum Schluß ist noch die Frage zu klären, ob Sie Ihr Werk hinter Glas rahmen oder nicht. Natürlich ist es hinter Glas besser vor Schmutz und Staub geschützt. Leider geht aber der textile Charakter der Seidenmalerei ein wenig verloren, so daß die Entscheidung nicht immer leicht fallen wird. Die Art des Rahmens sollten Sie auf das Bild und auf die Wohnung abstimmen, in der die Malerei später hängen soll.

SPIELREGELN

STRUKTUR UND AUFLÖSUNG

TANZ DER FARBEN

MISCHTECHNIKEN

VON HELL NACH DUNKEL

WEISS ALS EIGENSTÄNDIGE FARBE UND FORM

FARBKONTRASTE

FORMKONTRASTE

KLEINER AUSSCHNITT –
GANZ GROSS

VORLAGEN UMSETZEN

STILLEBEN LIVE

STRUKTUR UND AUFLÖSUNG

1

2

3

1 Wichtig bei der Darstellung einer Wasserspiegelung ist der Hintergrund: der Himmel, der im Verlauf von Dunkel nach Hell, und die Spiegelung, die umgekehrt von Hell nach Dunkel gemalt wird.

2 Die Baumgruppe und die kleine Landzunge müssen ebenfalls als Spiegelung gemalt werden. Die Seide ist nicht präpariert, es handelt sich um ein Fließaquarell.

Sie haben im Kapitel Grundwissen schon einiges über die Farbverschiebung und somit über die Entstehung und Auflösung von Strukturen und Linien erfahren (siehe Seite 16–19). Dieses wichtige Gestaltungselement in der Aquarelltechnik können Sie nun gezielt in Ihre Arbeit mit einfließen lassen. Voraussetzung dazu ist, daß Sie sich diese „Spielregeln" immer wieder bewußt machen.

Gestaltungselement Linie

Das fertige Bildbeispiel der Wasserspiegelung zeigt sehr anschaulich den Unterschied zwischen den „harten" Linien in der oberen Baumgruppe und den „weichen" Linien in der unteren Baumgruppe nach der Auflösung. Die Technik der Farbverschiebung ist also keine bloße Spielerei, sondern hilft in diesem Fall, ein Motiv anschaulich darzustellen. Aufgelöste Linien, die dennoch als Rän-

3 Die Linie, die durch den ersten Wasserauftrag entsteht, deutet das Ufer an und teilt das Bild in ein Oben und Unten auf. Der Pinsel darf für diese Arbeit nicht zu dünn sein.

4 Alle Wasserlinien müssen zügig bis zum unteren Bildrand aufgetragen werden und sollten am besten, je nach Auflösungsgrad der Strukturen, gleichmäßig trockengefönt werden.

5 Das fertige Bild, das Sie schon von Seite 36/37 kennen: Durch die Einfachheit des Aufbaus und die Kühle der Farben vermittelt es dem Betrachter eine beruhigende, meditative Stimmung.

5

4

der erkennbar sind, wirken also weicher, verschwommener und unterstützen die Darstellung der Wasserspiegelung in geradezu „perfekter" Weise. Völlig auflösen sollte man die Strukturen bei diesem Thema nicht, denn sonst wäre schließlich überhaupt keine Spiegelung mehr zu erkennen.

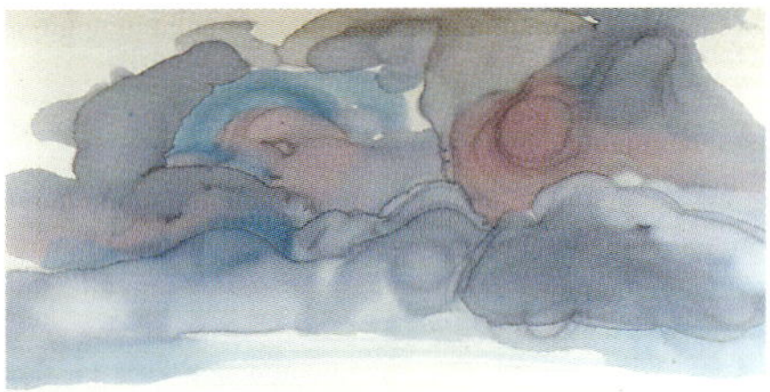

1

2

3

4

1 Naß in naß gestaltete ich den Gewitterhimmel, mit dem Fön erzielte ich Ränder, oder ich hielt entstehende Strukturen fest, wenn sie mir gefielen.

2 Mit zügigen Pinselstrichen male ich die ruhiger wirkende Landschaft.

3 Eine Baumgruppe kam hinzu. Die Wiese und der Zaun im Vordergrund lassen sie jedoch klein und eingekeilt erscheinen. Der Himmel wirkt zu schwer und „strukturbeladen" festgefönt.

4 Ich löse die Strukturen durch Wasserauftrag auf (Farbverschiebung), der Himmel wird weicher.

Korrekturmöglichkeiten

Strukturen erzeugen und wieder auflösen, das sind nicht nur wichtige Gestaltungsmöglichkeiten beim Fließaquarell, sondern dieses Verfahren der Farbverschiebung kann auch der Korrektur dienen. Bis zum Fixieren der Farben ist die Seidenmalerei „lebendig".
Betrachten Sie das Bildbeispiel einmal unter dem Aspekt der Korrektur. Denn bis ich mit dem Ergebnis zufrieden war, habe ich das Bild mehrfach verändert. Die Strukturen in Himmel und Wald zeigen eindeutig, daß hier mit dem Fön gearbeitet wurde. Damit habe ich die vielen Ränder erzeugt und „festgehalten". Den Himmel löste ich jedoch mit Wasser wieder auf, weil er mir in seinen Strukturen viel zu „hart" erschien. Die Baumgruppe empfand ich viel zu eingekeilt zwischen Himmel und Wiese. Daher entschloß ich mich zur „Auflösung" mit anschließendem Auswaschen der Strukturen, so daß ich eine viel großzügigere Horizontlinie erhielt, die jetzt viel besser zur ausgewaschenen Baumfläche paßt. Außerdem verlängerte ich sie noch bis zur linken Bildseite. Dadurch, daß eine neue Ebene entstand, lag es nahe, einen zweiten Versuch der Baumgestaltung zu unternehmen. Die Wiese und der Zaun blieben von all den Korrekturen ausgeschlossen.

5 **Auch die Baumgruppe löse ich auf und dehne sie zum Himmel mehr aus. „Alte" Ränder werden ausgewaschen, durch Verschiebungen entsteht eine neue Baumgruppe.**

6 **Das „neue" Bild nach dem Fixieren: Es läßt die Gewitterstimmung besser erahnen.**

6

5

Balanceakt

Das Wechselspiel zwischen geplanter Gestaltung und Korrektur ist jedesmal ein Balanceakt zwischen der Vorstellung des Bildes in meinem Kopf und der Annäherung an dieses Bild.
Gerade beim freien Aquarellieren, beim Malen ohne eingrenzende Guttakonturen, spielt der Zufall eine große Rolle, obwohl man ihn durch stetes Üben immer mehr eindämmen kann.
Dennoch: Das fertig gemalte Bild ist das Ergebnis dieses schöpferischen Prozesses, ein Zusammenspiel zwischen geplanter Gestaltung, einer großen Portion Zufall und Korrekturen – alles bedingt sich wechselseitig.

Farben in Bewegung:
Beim Aquarell gibt es keine festen Konturen, die die Malerei einengen. Veränderungen sind jederzeit möglich.

a

a In diesem Beispiel ist das Wechselspiel zwischen den aufgelösten Blütenflächen und den vielfältigen Blatt- und Stielandeutungen vor dem naß in naß gestalteten Hintergrund gut zu erkennen. Häufig aufgelöste Farbflächen erhielten starke Ränder.

b Dieses Tulpenmotiv wirkt weitaus „ruhiger", aber auch eintöniger als die anderen beiden Beispiele. Die großflächig geränderten Blätter und Blütenkelche dominieren das Bild und lassen beim Betrachten den Eindruck eines stark vergrößerten Ausschnittes entstehen.

Tiefenwirkung inklusive: Ein weicher Hintergrund und deutliche Strukturen im Vordergrund schaffen einen räumlichen Eindruck.

Zwischen Ruhe und „Pepp"

Haben Sie Lust, ein kleines Experiment zu machen? Dann malen Sie zwei kleine Blumenmotive in der Fließtechnik! Beim ersten sollte der Fön ständig im Einsatz sein, beim zweiten nicht. Wie Sie sehen können, wird das erste Bild buchstäblich von Linien beherrscht, während das zweite verschwommen und unscharf wirkt. Dem Betrachter bieten vermutlich beide keinen so rechten „Blickfang": Dem einen fehlt die Ruhe, dem anderen der „Pepp". Eine Mischung aus beidem scheint daher die Lösung zu sein.

b

c

c Bei diesem kontrastreichen Anemonenbild wird die Wirkung von Rändern und aufgelösten Strukturen vor dem zartblauen, weichen Hintergrund nochmals verdeutlicht.

Auf die Mischung kommt es an

Die Ausgewogenheit zwischen strukturierten und ruhigen, fast monochromen Flächen ist gut bei dem Strauß in der bauchigen Vase zu erkennen. Nicht nur der farbliche Kontrast zwischen den roten und violettfarbenen Blüten beherrscht das Bild, sondern auch der Kontrast zwischen den großen und kleinen Blütenformen. Interessant ist auch das Spiel zwischen den reichhaltigen dunklen Linien der Stiele und Blätter vor dem helleren, weichfließenden Farbauftrag des Hintergrundes. Die Seide wurde für dieses Fließaquarell nicht präpariert. Das Tulpenbild wirkt dagegen durch den gleichmäßigen und großflächigen Aufbau der Blütenkelche und Blattformen fast langweilig, obwohl es den typischen Tulpencharakter widerspiegelt.

Die Anemonen in der schlanken Vase sind wiederum sehr dicht und mit kräftigen Strukturen gestaltet, wodurch sie sich deutlich vom ruhigen Hintergrund abheben. Es ist zu beobachten, daß die Kombination zwischen ruhig und fließend gestaltetem Hintergrund und stark strukturiertem, kräftigem Vordergrund eine Tiefenwirkung erzeugt.

a Das Stiefmütterchenmotiv lebt von dem Wechselspiel zwischen stark hervortretenden Strukturen der Blüten und Blätter und dem weichen, aber stark „geränderten" Hintergrund.

a

b

Spiel mit Strukturen: Die Auswaschtechnik mit ihren lebendigen Effekten ist stets für Überraschungen gut!

Weitere Beispiele

Die letzten Fließaquarelle dieses Kapitels zeigen drei sehr unterschiedlich gemalte Bilder hinsichtlich des Themas „Struktur und Auflösung". Ihr mittlerweile geschultes Auge kann nun sicher die wesentlichen Merkmale erkennen. Auch für diese Aquarelle wurde die Seide nicht präpariert, denn sonst lassen sich keine schönen Farbverschiebungen durchführen.
Mögen die zahlreichen Beispiele als Anregung dienen, die Bedeutung von

b Dieses Bild hat sich sozusagen „selbst" gemalt und steht hier als „Musterbeispiel" eines Fließaquarells. Der Himmel, die Bäume und das Feld wurden als kräftige Farbflächen naß in naß aufgetragen. Die skurrilen Formen, die sich daraus ergaben, habe ich erst nach dem Trocknen durch wenige Linien und Tupfer im Vordergrund ergänzt.

c Die Schneelandschaft wurde, nachdem der Himmel im Verlauf von Dunkel nach Hell gemalt und getrocknet war, durch zarte Linien angedeutet: für den Horizont, die Gräser und einen Weg.

c

Erst die sparsame Auflösung dieser feinen Linien ließ die weichen, zarten Schattenformen entstehen. Sie akzentuieren das Bild und verleihen ihm die Kühle und den Schneecharakter.

Strukturen und ihrer Auflösung in Ihrem eigenen schöpferischen Tun zu vertiefen. Auch wenn nicht alle Bilder auf Anhieb gelingen (mir geht es auch nach jahrelanger Übung nicht anders): Die Möglichkeiten dieses im Prinzip einfachen Grundverfahrens sind unerschöpflich. Spielen Sie damit, lösen Sie sich von Regeln, die Sie verinnerlicht haben, geben Sie sich nicht zu schnell zufrieden. Halten Sie Ihr Fließaquarell in „Bewegung", bis Sie einen Zustand gefunden haben, der Ihnen gefällt.

TANZ DER FARBEN

a Ein Bewegungsablauf auf präparierter Seide: mit einer Wäscheklammer gemalt (siehe dazu auch Seite 32/33).

b Ein Bewegungsablauf, die Farbe wurde direkt mit einer Pipette auf die präparierte Seide gemalt.

a

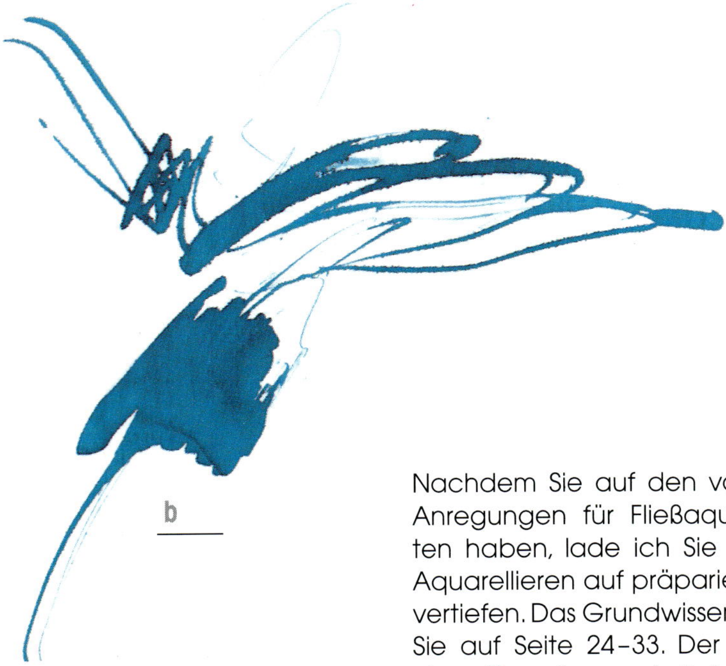

b

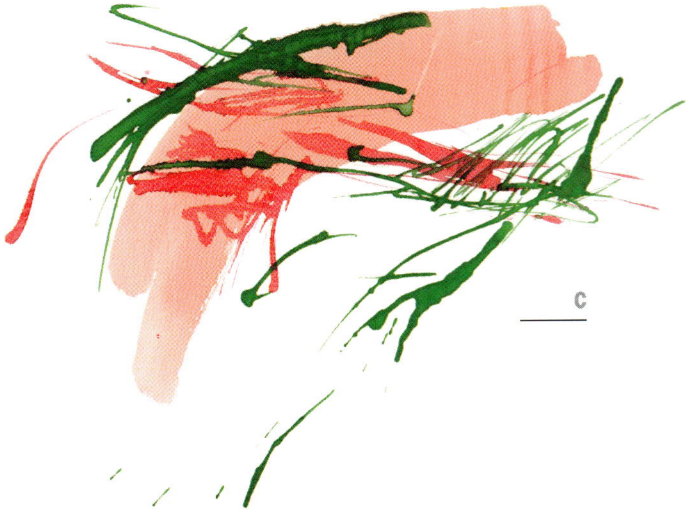

c

Nachdem Sie auf den vorigen Seiten Anregungen für Fließaquarelle erhalten haben, lade ich Sie nun ein, das Aquarellieren auf präparierter Seide zu vertiefen. Das Grundwissen dazu finden Sie auf Seite 24–33. Der Zweck solch einer Grundierung (mit Aquarellgrund, Farbverdicker o.ä.) ist, daß die Farbe darauf *nicht* fließt; man möchte statt dessen den Pinselstrich in seiner Bewegung sichtbar erhalten.

Bewegung in Linien

Jede unserer Bewegungen läßt sich als Linie nachvollziehen, also auch die gezeichnete Linie auf einem Blatt Papier. Wenn es aber darum geht, sie ganz natürlich in den Malprozeß einzugliedern, so daß sie als persönliches, gestalterisches Element sichtbar ist, sind wir meist blockiert. Deshalb ist es mir wichtig, Bewegungslinien stets neu zu entdecken und sie durch ein paar Übungen auf dem Papier und auf Seide sichtbar werden zu lassen. Auch Sie möchte ich dazu ermutigen.

c Eine Kombination von sich überlagernden Bewegungsabläufen: Auf die flächigen hellrosa Pinselstriche als unterste Schicht habe ich (nach dem Trocknen) grüne und dunkelrosa Linien mit einer Wäscheklammer gezeichnet.

d Der spontan gemalte Blumenstrauß veranschaulicht, wie sich der flächige und lineare Pinselauftrag in einer Komposition ergänzen können. Besonders in der Blattgestaltung lassen sich die nebeneinandergesetzten Pinselstriche auch im nachhinein gut erkennen.

d

Bewegungsabläufe

Die nebenstehenden Beispiele machen einfache Bewegungsabläufe sichtbar, die ich beim Malen ausgeführt habe. Es handelt sich um lockere „Kritzeleien", bei denen ich große und kleine, schnelle und langsame Bewegungen mit meiner Hand und meinem Arm vollführt habe. Ein Bild aber ist meist durch mehrfach überlagerte Bewegungslinien entstanden, die in der Regel auf Anhieb nicht erkennbar sind; erst bei näherer Betrachtung können sie erahnt werden.

Schauen Sie sich die Bewegungen auf dieser Doppelseite ruhig einmal genauer an, und finden Sie heraus, ob es sich um wellenartige, kreisförmige oder gezackte Linien handelt. Welche davon bevorzugen Sie? Probieren Sie das mit praktischen Versuchen herauszufinden. Nach Vorübungen auf Papier spannen Sie ein Stück Seide auf, präparieren sie und lassen (nach dem Trocknen der Grundierung) die Farben tanzen. Achten Sie dabei mehr auf Ihre Arm- und Handbewegungen als auf das sichtbare Ergebnis.

a

Spiele mit Bewegung

Um das freie Aquarellieren auf *präparierter* Seide zu üben, können Sie sich selbst kleine Regeln aufstellen und mit ihnen spielen, sie aber auch wieder verwerfen. Dazu einige Anregungen. Legen Sie sich Ihre Lieblingsmusik auf, und konzentrieren Sie sich jetzt in erster Linie auf Ihre Bewegungen. Lassen Sie dann die Farben tanzen: Schaffen Sie es, den Charakter der Musik mit Ihrem Linienspiel auf Seide darzustellen? Wählen Sie dann eine andere Musik, versuchen Sie es erneut: Fühlen und sehen Sie einen Unterschied?

Eine andere Möglichkeit: Malen Sie mit einer, zwei oder maximal drei Farben ein abstraktes Muster (oder einen Blumenstrauß, ein Waldstück, einen Phantasievogel ...), und zwar zunächst nur mit der Spitze eines dicken Rundpinsels, so daß feine Linien sichtbar werden. In einem zweiten Bild mit demselben Motiv und mit denselben Farben kombinieren Sie solch einen linearen mit einem flächigen Farbauftrag, für den Sie den „Pinselbauch" nutzen. Bei der dritten Variante schließlich malen Sie nur mit Flächen, ohne feine Linien, aber trotzdem mit bewußter Bewegung aus

a **Dieses lebendige Blumenbild, gemalt auf präparierter Seide, erhielt seinen dynamischen Ausdruck hauptsächlich durch die lockere und zügige Pinselführung. Die dunklen Blumenstengel in trüben Farben bringen die Blüten im Kontrast dazu richtig zum Leuchten.**

b **Durch den nassen Farbauftrag beim Malen des rechten Bildes flossen die einzelnen breiten Pinselstriche stark ineinander. Das Bild wirkt dadurch wie ein Fließaquarell, obwohl es auf mit Aquarellgrund präparierter Seide gemalt wurde.**

b

dem Arm heraus. Die Wirkung dieser drei Bilder dürfte sehr verschieden sein, oder?

Übrigens: Wenn Sie bei dieser Übung Farben übereinandermalen (siehe auch Lasieren, Seite 26–29), sollten Sie mit einem Fön das Trocknen der einzelnen Schichten beschleunigen.

Ein weiterer Übungsvorschlag: Malen Sie einen Blumenstrauß mit sehr langsamen, einen mit schnellen Bewegungen und einen, bei dem Sie beides miteinander kombinieren.

„Das mach ich mit links":
„Warum nicht einmal mit der linken Hand malen, wenn Sie Rechtshänder sind? Das gibt ein ganz neues Malgefühl ...

MISCHTECHNIKEN

a

b

Aussparen, zumischen, übermalen: Wie kommt das Weiß ins Bild?

Sparsam eingesetzte Effekte, die für das klassische Seidenaquarell eigentlich untypisch sind, können die Gestaltung Ihrer Seidenmalerei sinnvoll bereichern. Durchbrechen Sie also die Regel, und spielen Sie mit neuen Möglichkeiten. Das Grundwissen dazu haben Sie bereits auf Seite 34 kennengelernt.

Weiß ist nicht gleich Weiß

Am natürlichsten wirkt es, alle die Stellen, die im Bild später weiß bleiben sollen, auszusparen, beispielsweise durch eine Reservierung mit Wachs, Gutta, Verdicker – oder man malt großzügig um diese Stellen herum. Ganz anders ist der Eindruck, wenn Sie Aufsetzweiß in Ihre Arbeit integrieren. Das Blumenbild mit violetten Blüten, gemalt auf präparierte Seide, zeigt, daß es hart und tatsächlich aufgesetzt wirkt, außerdem milchig, darunterliegende Töne schimmern durch. Hier habe ich diesen Effekt gewollt. Dennoch sollte Aufsetzweiß wirklich nur sehr sparsam eingesetzt werden.
Anders verhält sich das Mischweiß. Die fein abstufbaren Pastelltöne passen

a In das zuvor auf präparierter Seide aquarellierte Bild wurden mit Aufsetzweiß zusätzliche Blüten integriert. Sie haben einen ganz eigenen Charakter und heben sich von der Umgebung ab.

b Hier dominieren die pastellfarbenen Blütentupfer; dazu habe ich blaue Farben mit Mischweiß aufgehellt. Die zwei zarten, transparenten Pusteblumen, ebenfalls mit Mischweiß aufgemalt, hätte man so keinesfalls durch Aussparen der runden Flächen erreichen können.

c

c Hier habe ich die Wachskreiden sowohl als Trennmittel benutzt als auch nachträglich Muster damit in die Aquarellflächen gezeichnet.

sich einem zuvor gemalten Fließaquarell viel harmonischer an. Wegen dieses Vorteils bietet sich der Einsatz von Mischweiß bestimmt auch für Sie öfter an. Beachten Sie aber dennoch, daß die Farben milchig wirken, denn im Gegensatz zu den dampffixierbaren Produkten mit den „transparenten" Farbstoffen enthalten das Misch- und Aufsetzweiß Pigmente, die wie kleine Teilchen im Farbkonzentrat schwimmen. Aber gerade dieser Gegensatz in einem Bild (Transparenz und Undurchsichtigkeit) kann den Reiz der Malerei ausmachen.

Spielerei mit Wachskreide

Der Einsatz von Wachskreiden, die für Seide geeignet sind, ist ideal für die grafische Gestaltung, die vom Linienspiel lebt. Die auf einer festen Unterlage aufgetragenen Wachslinien müssen zuvor mit dem Fön „angelöst" werden, wenn das Wachs gut ins Seidengewebe eindringen und die Trennung der Farben voneinander gewährleisten soll.
Kreide kann aber nicht nur als Trennmittel, sondern auch zur sparsamen Akzentuierung nach Beendigung der Malerei eingesetzt werden.

a

Fließende und verdickte Farben

Schon auf der Seite 34 im Kapitel „Grundwissen" haben Sie etwas über den Umgang mit Farbverdicker erfahren. Mein Vorschlag: Spielen Sie damit, probieren Sie aus, wie ein Motiv mit flüssigen Farben (auf präparierter Seide) aussieht im Vergleich zu demselben Motiv, das Sie mit verdickten Farben auf nicht grundierter Seide gestalten. Hier einige Tips: Angedickte Farben sollten Sie stets in den Mengen anrühren, die Sie tatsächlich brauchen. Da das aber nicht immer leicht vor dem Malen abzuschätzen ist, rate ich Ihnen, sie gleich in größerer Menge in Schraubverschlußgläsern anzusetzen – vorausgesetzt, Sie arbeiten häufiger mit verdickten Farben. So können Sie nach Tagen noch aus dem Vollen schöpfen. Außerdem wirkt sich diese Aufbewahrung kostensparend und umweltfreundlich aus, weil nicht soviel im Abfluß landet.

Mut zur Farbe

Wie Sie beim Umgang mit verdickter Farbe sicherlich bemerken, ist die Intensität der Farben höher als bei flüssig aufgetragenen Produkten: Die pastose Masse liegt zunächst dick auf der a Die Kombination aus aufgespachtelter verdickter Farbe für Häuser, Dächer und Bäume einerseits und der ergänzenden Fließaquarelltechnik andererseits ist nach dem Fixieren der Seide nicht mehr so leicht zu erkennen. Der wasserlösliche Verdicker, der beim Auftragen zunächst etwas erhaben auf der Seide „steht", wird später herausgewaschen und läßt die verschiedenen Farbschichten schließlich wie eine einzige erscheinen.

b

Seide; nach dem Fixieren und Waschen löst sich der Verdicker, doch die Farbstoffe dringen konzentriert in die Seide ein. Gerade dieser Gegensatz zwischen den zarten, gleichmäßigen und den intensiven, lebendigen Bildpartien kann sehr reizvoll wirken. Denken Sie daran, auch andere Malwerkzeuge als den Pinsel zu benutzen.
Die Häuser und Dächer im ersten Bildbeispiel habe ich zum Beispiel flächig aufgespachtelt, die Bäume im Vorder- und Hintergrund mit dem Pinsel aufgetragen. Die Seide war nicht präpariert, so daß ich die restlichen Flächen als Fließaquarell weitergestalten konnte.

Auch läßt sich erneut in „verdickte" trockene Farbflächen hineinmalen, sie wirken wie eine präparierte Seide, die flüssig aufgetragenen Farben zerfließen hier nicht. Der üppige Blumenstrauß ist ähnlich entstanden. Hier wurden die weißen Blüten zu Beginn mit farblosem Verdicker ausgespart und die roten mit verdickter Farbe aufgetragen. Die übrige Blütenpracht habe ich naß in naß als Fließaquarell hinzugefügt. Trotz der weißen, sich stark vom Grün abgrenzenden Flächen und trotz der relativ dunklen Farben im Blattbereich hinterläßt das Bild einen farbenfrohen, luftig-leichten Gesamteindruck.

b Die weißen Blüten, mit farblosem Verdicker zu Beginn ausgespart, zeigen deutlich, daß man nachträglich mit unverdickten Farben hineinmalen kann, was bei Wachs- und Guttareservierungen nicht möglich ist.

VON HELL NACH DUNKEL

1

2

3

4

1 Der Himmel, ein ganzer zarter Ton, ist bereits trocken, die Horizontlinie wird naß auf trocken und mit einem etwas dunkleren Farbton aufgetragen.

2 In der gleichen Weise werden die anderen Bergketten hinzugefügt: stets naß auf trocken und immer eine Stufe dunkler. Durch Farbverschiebung entstehen feine Ränder.

3 Anschließendes Trockenfönen verhindert eine zu starke Randbildung. Am natürlichsten wirkt es, wenn die Ränder im Hintergrund zart, die im Vordergrund hingegen kräftiger und strukturierter, gezackter ausfallen.

Der Aufbau eines Bildes von Hell nach Dunkel ist ganz typisch für das Aquarellieren, denn dabei malt man ja häufig Farben frei übereinander – im Gegensatz zur Konturentechnik, bei der man im Prinzip Fläche für Fläche mit der gewünschten Farbe ausfüllt. Und weil Seidenmalfarben keine Deckfarben sind, bei denen helle Töne über dunkle gesetzt werden können, ist es ratsam, stets mit hellen Farben zu beginnen und erst nach und nach zu intensivieren und dunkle Akzente zu setzen. Diese Regel sollten Sie nach Möglichkeit beherzigen, aber auch im freien Spiel variieren.

Räumlichkeit in der Landschaft

Landschaften sind ein beliebtes und ideales Thema für die Aquarelltechnik. Schauen Sie einmal eine weite Landschaft an: Wo wirkt sie am hellsten, wo am dunkelsten? Vermutlich nehmen Sie eine große oder eine Vielzahl zum Horizont hin heller werdender Flächen wahr, die durch Linien abgegrenzt erscheinen; durch diese Staffelung und unterschiedliche Helligkeit wird die räumliche Tiefe der Landschaft sichtbar. Wenn Sie ein Landschaftsbild mit großer Tiefe malen, sollten Sie dieses Prinzip aufgreifen und mit Linien und abgetönten Flächen die Räume zwischen Vordergrund und Horizont darstellen, etwa Berge, Wälder, Felder und Häuser.

4 Der Einsatz des Föns bei der Baumgestaltung im Vordergrund begünstigt die Entstehung der Ränder und Strukturen, wenn man immer wieder in die Fläche hineinmalt. Die Bäume stellen in ihrer Lebendigkeit einen guten Kontrast zu den monochromen Flächen im Hintergrund dar.

5 Das fertige Bild nach dem Fixieren – es zeigt, wie man schon mit einfachen Mitteln räumliche Tiefe erzeugt.

5

Das Abtönen der Farben von Hell nach Dunkel, also der weiche Farbverlauf, spielt eine wesentliche Rolle für die Darstellung der räumlichen Tiefe (siehe auch Seite 20). Um ein Gespür dafür zu bekommen, sollten Sie dies durch folgende Übung nachvollziehen.

Bergketten – ein Beispiel

Malen Sie auf nicht präparierter Seide ein tief wirkendes Landschaftsbild mit nur einer Farbe. Lassen Sie sich von der Bildfolge anregen.
Beginnen Sie mit der ersten Fläche, dem ganz zart getönten Himmel, und fönen Sie ihn trocken. Malen Sie den nächsten Farbton, der bereits eine Nuance dunkler sein sollte, von unten in die Himmelsfläche hinein, das wird die hintere Bergkette. Nach dem Trocknen lassen Sie nun Schicht um Schicht folgen. Achten Sie dabei auf feine, doch gut sichtbare Farbabstufungen, die der Landschaft ihre Dunstigkeit und Weite verleihen.
Damit die Flächen nicht parallel untereinander verlaufen und langweilig wirken, sollten Sie durch Überschneidungen Spannung in den Linienverlauf bringen, wie es das Bildbeispiel in der letzten Bergebene links zeigt. Hier wurde das Blau außerdem nach unten hin aufgehellt.
Die vordere Schicht stellt eine weite, überschaubare Ebene dar, die dem Betrachter durch die Bäume eine noch größere Raumtiefe vermittelt.
Natürlich ist dies ein sehr vereinfachter Landschaftsaufbau, doch erklärt er das grundlegende Prinzip, das sich so ähnlich in vielen Bildern umsetzen läßt.

1

2

3

1 Zuerst werden die Häuser in hellen Farben und einfachen Formen auf die präparierte Seide gemalt. Der Pinsel sollte dafür nicht zu dünn sein, damit man sich nicht in Details verliert.

2 Auch die Bäume, Büsche und der Boden im Vordergrund erhalten eine zarte Untermalung. Mit teilweise dunkleren Lasuren wurden einige Hauspartien intensiviert.

3 Der schichtweise Auftrag immer dunkler werdender Farben verleiht dem Bild mehr räumliche Tiefe. Mit einem feinen Pinsel können sparsame Akzente gesetzt werden.

4 Der dunkle, schwere Himmel soll in krassem Gegensatz zum hellen luftigen Vordergrund stehen; durch weitere Lasuren wird er zunehmend „verfinstert".

Lasieren – von Hell nach Dunkel

Bei dem Beispiel auf dieser Doppelseite spielt das Miteinander von Hell und Dunkel wieder eine große Rolle: Zum einen ist das fertige Bild von einem starken Kontrast zwischen hellen und dunklen Bildpartien geprägt, zum anderen wird auch dieses Aquarell stufenweise von Hell nach Dunkel aufgebaut.
Haben Sie Lust, ein ähnliches Motiv mit Häusern zu malen?

Formen vereinfachen

Die Vielfalt der Strukturen, der Flächen und Linien, die eine Häuserlandschaft prägen, könnte Sie möglicherweise eher davon abhalten, sie in ein Bild umzusetzen. Ein reines Fließaquarell wäre für Ihr Vorhaben auch kaum förderlich, denn die eckigen, spitzen und geraden Formen würden Ihnen immer wieder auseinanderfließen. Deshalb präparieren Sie zuerst Ihre Seide (mit Aquarellgrund oder Farbverdicker zum Beispiel), damit die einzelnen Pinselstriche und Lasurschichten erkennbar bleiben, anders als bei der Landschaft auf der vorigen Seite.

5 Das fertige Bild nach dem Fixieren: Im Gegensatz zu der Landschaft von Seite 57 wollte ich hier keine Weite ausdrücken (dann hätte ich den Hintergrund hell gemalt), sondern eher den Himmel wie kurz vor einem Gewitter bedrohlich dunkel nach vorn kommen lassen. Die Regel „hinten hell – vorne dunkel" kann also auch abgewandelt werden, wenn das die Gestaltungsabsicht besser trifft. Durch die extremen Kontraste wirkt das Bild spannend.

4

5

Ich gehe jetzt einmal davon aus, Sie können auf eigene Skizzen oder auf (Urlaubs-)Fotos zurückgreifen, oder Sie wollen das malen, was Ihnen der Blick aus dem Fenster bietet. Wichtig ist in jedem Fall, daß Sie sich auf einen Ausschnitt konzentrieren, der Ihnen besonders gefällt. Sie geraten sonst schnell in Konflikte, wenn Sie sich nicht aufs Wesentliche beschränken.
Skizzieren und malen Sie zunächst den Grundaufbau in hellen Farben und einfacher Form auf die Seide. Lassen Sie die erste Schicht trocknen, nehmen Sie eventuell einen Fön zur Hilfe. Ein stufenweiser Bildaufbau von Hell nach Dunkel läßt dann fast wie von selbst räumliche Tiefe und detaillierte Akzente entstehen. Doch Vorsicht, „zugemalte" Aquarelle büßen an Leuchtkraft ein und wirken leicht trist. Das ist vor allem dann der Fall, wenn Sie Komplementärfarben (siehe Seite 12) übereinandersetzen, als Mischton entsteht dann schnell ein schmutziges Graubraun. Lassen Sie auch einige Stellen unbemalt, sie verleihen dem Bild mehr Leichtigkeit.

a

b

c

d

Kleine Bleistiftskizzen auf Papier können helfen, den Aufbau einer Landschaft zu verstehen und regen zu manchem Seidenbild an. Schon die Beispiele a, b und c zeigen, daß sich auf diese Weise bereits die Helligkeitskontraste planen lassen.

d Auch bei dieser leicht und zart anmutenden Landschaft ist die Malweise von Hell nach Dunkel unverkennbar. Typisch für dieses Fließaquarell sind die zarten Farbverläufe.

Variationen zum Thema Landschaft

Es macht mir immer wieder Spaß, Linien in Landschaften aufzuspüren und zu skizzieren. Ich hoffe, ich kann Sie dafür auch begeistern, denn es schärft die räumliche Wahrnehmung und den Blick für das Wesentliche. Möglichkeiten dafür gibt es genug, nicht nur, wenn Sie wie ich am Rande der Schwäbischen Alb leben. Gewöhnen Sie sich das Skizzieren an, während eines Spaziergangs, bei einer Bus- oder Bahnfahrt, in heimischen oder fremdländischen Gefilden: um so abwechslungsreichere Landschaften können Sie dann auf die Seide „zaubern".
Sie können solche Skizzenvorlagen beispielsweise mit der Rohrfeder, mit verdickten Farben, in der Fließ- oder Lasurtechnik, in expressivem Stil oder verhalten malerisch umsetzen. Mit Hilfe des Mischweißes ist zum Teil auch die umgekehrte Malfolge möglich, so daß die helleren Farben über die dunkleren gesetzt werden können, doch der Charakter des leichten Aquarells geht dadurch oft verloren.

1 **Ein abstraktes Schlingenmuster entsteht, die Farben werden von Hell nach Dunkel aufgetragen.**

2 **In dieser Phase sind bereits zwei Malschichten erkennbar.**

3 **Die Verdichtung und die Tiefe des Musters entsteht nicht nur durch den mehrlagigen Farbauftrag, sondern auch durch die Überschneidungen und die Steigerung der Farbintensität von Hell nach Dunkel.**

4 **Schwarz ist hier der letzte Farbauftrag.**

Abstrakte Muster

Nun werden Sie nicht immer Lust haben, „nur" Landschaftsbilder oder Blumen zu malen. Sicher reizt es Sie auch, Tücher, Schals, Krawatten oder gar ein schönes Kleidungsstück mit farblich interessanten Aquarellmustern zu versehen.

Doch auch hier gilt der Grundsatz, das Aquarell von Hell nach Dunkel aufzubauen. Das ganz einfache Schlingenmuster, auf Aquarellgrund gemalt, soll die Vorgehensweise noch einmal veranschaulichen.

Inzwischen haben Sie viele Techniken des Aquarellierens kennengelernt und wichtige Malhinweise erhalten. Sie besitzen somit die Grundlage, sich mehr und mehr von vorgegebenen Vorlagen zu lösen, um mit Ihrem eigenen Gestaltungspotential in Kontakt zu kommen. Das ist der Sinn dieses Buches, dazu möchte ich Sie ermuntern.

Die Komposition von hellen und dunklen Partien, der Bildaufbau von Hell nach Dunkel – gerade mit diesen wichtigen Aspekten (der Aquarelltechnik) sollten Sie ganz bewußt spielen.

WEISS ALS EIGENSTÄNDIGE FARBE UND FORM

a

a Der frische, lebendige Ausdruck dieses Blumenmotivs wird nicht nur durch den linearen, fast wilden und freien Farbauftrag und die leuchtenden Töne erzeugt, sondern auch durch das strahlende Weiß des dahinterliegenden Fensters.

Weiß als Farbe, die man direkt auftragen kann, gibt es in der klassischen Aquarellmalerei nicht, und dies gilt somit auch für das Seidenaquarell. (Der Einsatz von Misch- und Aufsetzweiß zählt deshalb zu den Mischtechniken.) Dennoch sollten Sie gerade den weißen Bildpartien größte Aufmerksamkeit schenken. Denn das Malen eines Bildes muß nicht automatisch bedeuten, daß alles mit Farbe überzogen wird. Spielen Sie also einmal mit dem Weiß als ganz eigenem Gestaltungselement.

Gestaltungselement Weiß

Alles Weiß wird im voraus berücksichtigt und ausgespart, was am besten auf grundierter Seide, aber etwas mühevoller auch auf unbehandelter Seide gelingt. Diese Regel klingt recht einfach; Sie sollten sie aber unbedingt selbst in der Praxis erproben und sich entsprechende Motive mit weißen Formen aussuchen.
Alle Bildbeispiele in diesem Kapitel haben das Weiß als Gestaltungselement zum Thema. Ob die Flächen nun groß oder klein sind, spielt keine Rolle.

b **Das Weiß der Masken, eingerahmt durch die Kostüme, steigert deren Leuchtkraft und Farbintensität. Auch dieses Aquarell wurde, wie im vorigen Kapitel beschrieben, von Hell nach Dunkel aufgebaut, die Seide war nicht präpariert. Für die feinen Linien nahm ich wenig Farbe in den Pinsel.**

b

Die relativ kleinen weißen Flächen der venezianischen Masken zum Beispiel blieben bis auf die zartgrauen Schattierungen unbemalter Seidengrund. Ich malte dieses Bild auf nichtpräparierte Seide, Grundierungen kannte ich damals noch gar nicht.

Das auf Aquarellgrund in expressiver Linienführung gemalte Blumenbild bezieht seine Leuchtkraft vor allem durch das klare Weiß des schemenhaft angedeuteten Fensters.

a

b

b Der weiße Weg am Ufer des Sees verleiht dem fast „zugemalten" Fließaquarell Leichtigkeit und seine räumliche Tiefe, er führt den Blick nach hinten.

c Dieses Blumenbild ist praktisch in zwei Hälften aufgeteilt: in eine bemalte und eine weiße Fläche. Erst durch die diagonal verlaufenden, spontan aufgetragenen Pinselstriche bei den Blättern verbinden sich die beiden Hälften und lassen dadurch eine interessante Flächenaufteilung entstehen.

a Die kühle Farbgebung, verstärkt durch die weißen Flächen, die ruhig eingebettet in der locker skizzierten Rohrfederzeichnung zu liegen scheinen, sorgen für eine winterliche Abendstimmung. Eine andere, realistischer wirkende Winterlandschaft finden Sie auf Seite 47. Dort spielt das Weiß eine noch größere Rolle.

Herausforderung

Weiß als Form im Malgrund auszusparen, dieser Herausforderung werden Sie beim Aquarellieren immer wieder begegnen. Herausforderung deshalb, weil man sich bewußt dazu „zwingen" muß, an diese Möglichkeit zu denken. Denn in erster Linie möchten Sie vielleicht in Farben „schwelgen". Wenn Sie gleich mit ihnen beginnen, kann es für das Freilassen einer weißen Bildpartie schon zu spät sein.

Ein Bild, das Sie malen wollen, entsteht zuerst in Ihrem Kopf, vor Ihrem geistigen Auge. Erst der Malprozeß konfrontiert Sie mit Ihrem Umsetzungsvermögen und zwingt Sie, sich auf Abweichungen von Ihrem inneren Bild einzulassen. Diesem Malfluß zu folgen ist äußerst wichtig, denn sonst würde am Ende gar kein Bild entstehen. Lernen Sie, sich vor dem Malen ganz bewußt und in Ruhe Ihr Bild vorzustellen, es im Kopf zu variieren – und denken Sie dabei nicht nur an Farben, sondern auch an das Weiß.

c

Regeln helfen

Vor Beginn des Malens müssen immer wieder grundlegende Fragen geklärt werden, wie zum Beispiel die des Formates, der Technik, des Motivs, der Farbwahl und so weiter. Soll der Himmel in einem weichen Verlauf oder eher wolkenreich erscheinen? Oder soll das Weiß der Hintergrund sein?
Eingrenzungen und Regeln sind also erforderlich, damit Sie sich nicht in der Vielfalt der Möglichkeiten verirren. Sie konzentrieren sich auf diese Weise auf das Wesentliche und können in diesem kleineren Bereich viel bewußter mit Ihren bildnerischen Mitteln spielen, zum Beispiel mit dem Gestaltungselement Weiß, das ein Aquarell frisch und leicht machen kann und Spannung in die Malerei bringt.
Deshalb möchte ich auch noch einmal auf die Möglichkeit kleiner Bleistiftskizzen hinweisen (siehe auch Seite 60), die Ihnen bei der rechtzeitigen Planung des Weißraums in Ihren Bildern behilflich sein können.

a

Tanz der Farben, Tanz der Formen:
Mut und Unbekümmertheit gehören dazu.
Und die Fähigkeit, rechtzeitig aufzuhören!

a **Ein abstraktes, spontan gemaltes Aquarell auf präparierter Seide: Das Weiß und die pastellfarbenen Mischtöne im Hintergrund bilden hier den Kontrast zu den intensiven Farben, die eine weitere Steigerung durch Schwarz erfahren.**

b **Das Wechselspiel zwischen den kontrastreichen, farbigen und den ausgesparten weißen Flächen sowie den spontan aufgemalten Linien erzeugt die reizvolle Spannung dieser expressiven Malerei.**

b

Spontanes Malen

Auf diesen beiden Seiten lade ich Sie ein, sich auf eine abstraktere, expressivere Gestaltung eines Bildes einzulassen. Es geht hier nicht um ein bestimmtes Motiv, das als Malanlaß für Ihr Aquarell dient und über das Sie sich zuvor Gedanken machen sollten. Es geht statt dessen um das freie Spiel mit Formen, mit Bewegungen, mit Farben – und mit Weiß.

Das Format sollte in diesem Fall mindestens 90 x 90 cm oder auch mehr betragen, und die Seide sollte mit Aquarellgrund, Farbverdicker oder ähnlichem präpariert sein, damit die Pinselstriche nicht zerfließen, sondern ihren spontanen Charakter behalten. Das expressiv gemalte Aquarell gewinnt durch die Aussparung von weißen Flächen eine enorme Gestaltungskraft. Es verlangt außerdem von Ihnen ein gutes, sicheres Gefühl für die Plazierung der Formen und Farben im jeweiligen Format und für den richtigen Moment, mit dem Malen aufzuhören. Denn „zugemalte" Bilder büßen an Spannung ein.

FARBKONTRASTE

a

a Bei dieser Figur prallen die Grundfarben kontrastreich aufeinander; ihre Leuchtkraft wird zusätzlich durch die trüben, unbunten Farben des Umfeldes erhöht. Schon wenige Farbtupfer reichen als Blickfang aus. Zusätzliche Spannung bringt der Hell-Dunkel-Kontrast ins Bild.

Nachdem Sie sich zuletzt mit dem Hell und Dunkel sowie mit dem Weiß in Ihren Seidenaquarellen auseinandergesetzt haben, möchte ich nun Ihre Aufmerksamkeit auf die Farbe an sich lenken. Da Farben immer im Wechselspiel mit anderen Farben ihres Umfeldes stehen, erzeugen sie stets unterschiedliche Wirkungen. Es kommt also niemals auf eine Farbe allein an, sondern auf ihr Zusammenspiel mit anderen Tönen im gesamten Bild.

Der bekannte Bauhauslehrer und Künstler Johannes Itten (1888–1967) hat sich mit diesem Thema intensiv befaßt, einige von ihm benannte Kontraste möchte ich kurz vorstellen. Machen Sie daraus Spielregeln für Ihre Malerei, indem Sie sich – besonders zu Übungszwecken – jeweils nur auf einen oder zwei Kontraste konzentrieren.

Farbe-an-sich-Kontrast

Von ihm spricht man, wenn in einem Bild nur leuchtendbunte Töne vorkommen, vor allem die Grundfarben Blau, Rot und Gelb. Solch eine Kontrastwirkung (ohne trübe, stark aufgehellte oder abgedunkelte Nuancen) wirkt meistens sehr laut.

Hell-Dunkel-Kontrast

Schwarz und Weiß bilden den krassesten Hell-Dunkel-Kontrast, dazwischen liegen viele Graunuancen. Doch auch Farben gibt es in verschiedenen Helligkeitsstufen, wie die blaue Landschaft beweist. Das Maskenbild ist ebenfalls ein Beispiel für eine große Hell-Dunkel-Bandbreite. Wie man mit diesem Kontrast spielen kann, zeigten die Seiten 56–67.

b Das Blau der Kanne steht in kräftigem Gegensatz zu seiner Komplementärfarbe Orange. Die grellroten Konturen fallen in dem Umfeld aus getrübten Farben besonders auf (Qualitätskontrast).

c Die Seenlandschaft zeigt das Spiel mit dem Hell-Dunkel-Kontrast. Nur ein Blauton, allerdings in verschiedenen Verdünnungen, kam hier zum Einsatz.

c

b

Kalt-Warm-Kontrast

Davon spricht man, wenn in einem Bild kalte und warme Töne aufeinandertreffen. Das ergibt eine starke Kontrastwirkung. Als warm empfindet man in der Regel Rot, Orange und Gelb, kalt hingegen sind Blau-Grün-Töne.

Qualitätskontrast

Damit ist das Miteinander von reinen, bunten Farben im Gegensatz zu getrübten Farben gemeint. Das Maskenbild zeigt solch einen Gegensatz.

Quantitätskontrast

Nicht nur die Art der Farbe (ihr Ton, ihre Helligkeit) ist für ihre Wirkung wichtig, sondern auch die Größe dieser Fläche im gesamten Bild. Um ein spannungsreiches Verhältnis der Farben zu erzielen, sollte man die Farbmenge ausbalancieren. Das Maskenbild zeigt übrigens, daß hier schon wenige bunte Tupfer genügen, um in dem „unbunten" Umfeld zu leuchten.

Komplementärkontrast

Dieser Kontrast wird am deutlichsten, wenn man sich die bunten Farben vereinfacht in einem sechsteiligen Farbkreis vorstellt (siehe auch Seite 12). Die sich gegenüberliegenden Paare sind am wenigsten miteinander verwandt, zum Beispiel: Rot – Grün, Blau – Orange, Gelb – Violett. Stehen solche Töne nebeneinander, steigern sie gegenseitig ihre Leuchtkraft.

a

a Das kontrastreiche Farbenspiel der Komplementärfarben (Gelb und Violett) läßt dieses Bild besonders intensiv leuchten. Außerdem spielt der Hell-Dunkel-Kontrast eine große Rolle: Das dunkle Grün der Umgebung läßt die orange-gelben Blumen richtig erstrahlen, sie wirken „warm" in dem „kalten" Umfeld.

b Der Hell-Dunkel-Kontrast des Himmels setzt sich auch in der Landschaft fort und verbindet die obere und untere Hälfte des Bildes zu einem harmonischen Ganzen.

Anregungen

Wie Sie schon wissen: Die Theorie allein bringt Sie nicht viel weiter, wenn sie nicht durch praktische Versuche untermauert wird. Deshalb rate ich Ihnen zum einen, dieses Buch einmal daraufhin durchzuschauen, ob Sie die soeben vorgestellten Kontrastprinzipien wiederentdecken. Aber natürlich werden Sie auch in anderen Büchern fündig, in Zeitschriften, in Ihrer Umgebung und so weiter.

Zum anderen empfehle ich Ihnen: Malen Sie, so oft es geht. Überlegen Sie sich jedesmal, was Ihr Bild ausdrücken soll: eher eine ruhige, verhaltene Stimmung? Oder Lebensfreude? Buntheit? Trauer? Bedrohung? Gegensätze? Vielfalt? Frieden? Harmonie oder Winterkälte? Denken Sie einmal nicht an Formen und Motive, sondern zunächst nur an die Farben.

Ein ideales Übungsfeld sind zum Beispiel Landschaften, die die verschiedensten Stimmungen widerspiegeln können. Schon ein paar waagerecht verlaufende Linien, auf präparierte Seide gemalt, können genügen.

Auch Blumensträuße eignen sich zum Ausprobieren der unterschiedlichsten Kontraste. Die Blütenformen sollten

b

d

c

c Wie die Ankündigung eines Gewitters: die Grundfarben Gelb und Blau prallen aufeinander, im Kontrast dazu stehen die vielen gebrochenen, trüben Grüntöne, die den Blick in den Himmel lenken.

d Das Komplementärfarbenpaar Blau und Orange bildet bei dem Kritzelversuch den deutlichsten Kontrast, abgeschwächt durch die bräunlichen Mischtöne und das Violett.

eher eine Nebenrolle spielen. Konzentrieren Sie sich mehr auf die Farben, und weichen Sie durchaus von Ihren Lieblingsfarben ab.
Zur Übung können Sie natürlich auch alle möglichen abstrakten Formen malen, am besten auf präparierter Seide. Probieren Sie dabei gleichzeitig verschiedene Pinsel oder anderes Malwerkzeug aus (siehe auch Seite 30–33): Vielleicht ergibt sich aus solch einer Spielerei eine neue Bildidee?

FORMKONTRASTE

a Als Formkontraste sind bei diesem Maskenbild zum Beispiel zu nennen: die große, ruhige Fläche des Umhangs mit den vielen bewegten Linien links; die großen runden Formen des Turbans mit den kleinen Punkten und Strichen im Hintergrund. Solche ausgewählten Gegensätze bringen viel Spannung in die Komposition.

a

In diesem Kapitel bilden nun Formgegensätze den Betrachtungsschwerpunkt. Natürlich sind in den Bildbeispielen auch Farbkontraste reichlich vorhanden, doch lassen wir sie einmal außer acht.

Spannung durch Gegensätze

Nicht nur die gewählten Farben in mehr oder weniger stark ausgeprägten Kontrasten beeinflussen die Wirkung eines Bildes, sondern auch die Art der Formen. Darunter versteht man Punkte, Linien und die unterschiedlichsten Flächen. Bei der Gestaltung stehen Ihnen alle Wege offen: Zum Beispiel können Sie ein Bild einerseits nur aus Punkten aufbauen (wie es zum Beispiel die Pointillisten Ende des 19. Jahrhunderts taten), auch nur aus Linien oder aus Flächen in nur einer Form. Solchen Bildern wohnt durch die Wiederholungen kleinster Einheiten ein gewisser Rhythmus inne, sie können aber auch leblos wirken.

Andererseits könnte man auch eine möglichst große Vielzahl der verschieb Die bewußt eingesetzten Formkontraste tragen erheblich zur Wirkung dieses Landschaftsbildes bei. (Es wurde in der Lasurtechnik auf präparierte Seide gemalt.) Durch den kleinteiligen, vielgestaltigen Vordergrund wirkt der See im Gegensatz dazu um so ruhiger. Das Weiche und Fließende des Himmels wird durch die begrenzten Flächen im unteren Bildteil noch stärker betont.

b

densten Formen in einem Werk zusammenbringen, doch wirken solche Ergebnisse häufig recht unruhig.
Ein Mittelweg ist die Kombination nur weniger unterschiedlicher Formen in einem Bild, so daß sich zwischen diesen ein spannender Gegensatz bildet. Stellen Sie sich vor dem Malen am besten solch eine kleine Regel auf, und spielen Sie damit – Sie werden sehen, Ihre Bilder (Tücher, Kleidung, ...) werden dadurch an Gestaltungskraft gewinnen, da Sie sich nicht verzetteln und dennoch Spannung erzeugen.

Die beiden Beispiele auf dieser Doppelseite spielen bewußt mit Formkontrasten. Gegensätze ziehen sich an, verstärken sich gegenseitig in ihrer Wirkung: Weiches wirkt um so weicher, wenn Hartes danebensteht. Rundes wird durch Eckiges betont, Kleines wirkt in großer Umgebung um so winziger und so weiter.
Wie lassen sich Formen nun generell beschreiben, welche Eigenschaften (außer der Farbe) können sie haben? Dazu einige Hinweise auf der folgenden Doppelseite.

a

a Ein Spiel mit Formkontrasten: Bei diesem Landschaftsbild stehen sich verschieden große Flächen gegenüber – der bewegte Himmel mit verschwommenen, leicht begrenzten Flecken und die fast monochromen Berge mit deutlichem Rand. Auffallend sind außerdem die Linien im Vordergrund und die kleinen Tupfer, die einen Wald andeuten. Schon mit diesen wenigen Gestaltungsmitteln (es handelt sich um ein Fließaquarell mit Elementen der Auswaschtechnik) läßt sich eine Landschaft mit räumlicher Tiefenwirkung gestalten.

Qualität und Quantität

Betrachtet man die *Quantität* der Formen, fragt man beispielsweise, ob sie groß oder klein, dick oder dünn sind, ob sie einzeln oder in großer Menge auftreten.
Konzentriert man sich auf die *Qualität,* spielt eher der Charakter der Formen eine Rolle. Einige Gegensatzpaare wären zum Beispiel: rund – eckig, einfach – komplex, voll – leer, symmetrisch – asymmetrisch, hart – weich, geometrisch – verspielt, regelmäßig – unregelmäßig und so weiter.

Betrachten Sie einmal die Abbildungen sowie auch andere Beispiele im Buch: Wo wird besonders der Gegensatz von groß und klein deutlich? Von viel und wenig? Von harten und weichen Formen, eckigen und runden?

Ausdehnung und Begrenzung

Teilt man alle Formen, die beim flächigen Gestalten denkbar sind, in Gruppen ein, so unterscheidet man Punkte (mit der kleinsten Ausdehnung) von Linien (Ausdehnung in eine Richtung)

b Die bewegten Formen in der skizzenhaften Darstellung einer Menschengruppe erhalten durch den flächigen Farbauftrag im Bildhintergrund ein harmonisches Spannungsverhältnis. Sieht man einmal von den leuchtenden Farben ab, finden wir folgende Formkontraste, die das Bild lebendig machen: feine Linien (mit der Rohrfeder auf die präparierte Seide aufgetragen) und kleine Farbflecken auf engem Raum in der Bildmitte, außen herum die große Umgebungsfläche mit einigen weichen Farbverläufen.

b

und Flächen (mit größerer Ausdehnung). Das Bild mit der Maske (siehe Seite 72) zeigt alle drei Formvarianten sehr deutlich.

Die Begrenzung dieser Formen kann in der Aquarellmalerei verschieden sein: Wenn Sie auf präparierter Seide oder mit verdickten Farben malen, werden die Konturen meist recht scharf begrenzt. Malen Sie hingegen naß in naß, sind die Ränder sehr verschwommen. Ist der Untergrund hingegen schon trocken, lassen sich wieder deutliche Ränder erzeugen, ebenso durch Farbverschiebungen bei der Auswaschtechnik mit Alkohol oder Wasser. Der Fön hält solche Strukturen in der gewünschten Position fest oder erzeugt sogar eigene Ränder. Mit der gewählten Aquarelltechnik können Sie also die Eigenschaften der Formen beeinflussen.

Schauen Sie sich unter solchen Aspekten die Bilder dieser Seiten an: Um welche Formen handelt es sich (Punkte, Linien, Flächen)? Wie sind sie begrenzt – eher weich und verschwommen oder hart und eindeutig?

KLEINER AUSSCHNITT – GANZ GROSS

1 Ein Blumenbild von Esther Ortolf, gemalt auf Aquarellgrund. Der eingezeichnete Ausschnitt in dem großen, 90 cm breiten Blumenbild zeigt an, welches Detail stark vergrößert neu gemalt werden sollte.

1

Beobachten Sie einmal kleine Kinder beim Malen, wie unbeschwert sie sich in Farben und Formen ausdrücken können. Ihr spontaner Ausdruck fasziniert mich immer wieder, weil er so „ungebrochen" die kindliche Vorstellungswelt offenbart, die wir Erwachsene im Laufe des Lebens verschüttet haben. Mir ist es deshalb ein großes Anliegen, Sie mit dieser Unbeschwertheit mit Hilfe eines einfachen „Tricks", einer besonderen Übung in Berührung zu bringen.

Wie im Vergrößerungsglas

In diesem Abschnitt des Buches möchte ich Sie an großflächige Farbkompositionen heranführen. Denn sehr häufig besteht – anders als in der Kindheit – eine Scheu vor großzügigen Formen; statt dessen verliert man sich im Detail, malt ängstlich und „pingelig" an kleinteiligen Formen herum. Um Abhilfe zu schaffen, empfehle ich Ihnen, ganz gezielt und konzentriert Bildausschnitte zu betrachten und zu vergrößern. Diese Sehweise will jedoch geübt sein; ein verschiebbares Passepartout ist Ihnen dabei behilflich.

2

Wie mit der Lupe: eine andere Art der Motivsuche.

2 Das fertige, vergrößerte Bild, ebenfalls 90 cm breit: Trotz gleicher Maltechnik kommt es zu Abweichungen von der Vorlage, was aber dem Ergebnis keinen Abbruch tut. Eine gute Übung zur Erlangung einer großzügigeren Malweise ist dieses Verfahren allemal.

Bewegliches Passepartout

Fertigen Sie ein verschiebbares Passepartout an. Dazu benötigen Sie zwei Blätter Papier oder schwarzen Karton im Format DIN A3, aus denen Sie zwei gleichgroße rechte Winkel mit einer Streifenbreite von ca. 8 cm ausschneiden. Damit lassen sich die verschiedensten Ausschnitte festlegen.

Ausschnittsuche

Vielleicht haben Sie schon einige Seidenmalwerke, auch weil Sie bereits den Anleitungen und Aufgaben in diesem Buch gefolgt sind, so daß Sie auf Ausschnittsuche gehen können: Suchen Sie sich ein Detail heraus, das Ihnen besonders gut gefällt. Lassen Sie sich dabei hauptsächlich von den Farben und Formen leiten. Achten Sie aber darauf, daß der Ausschnitt nicht zu klein ist.
Auch sollte es möglich sein, dieses Detail später groß in derselben Technik zu gestalten, was beispielsweise bei Salzstrukturen nur schwer möglich sein wird. Überlegen Sie auch, ob Sie einen rechteckigen oder quadratischen Ausschnitt wählen möchten, denn auch seine Form beeinflußt die Bildwirkung und sollte auf das Motiv abgestimmt sein. Mit dem verschiebbaren Passepartout fällt die Entscheidung leicht.

1

1 Ein Blumenbild von Ulrike Thiemann, gemalt auf Aquarellgrund. Aus der Vielfalt der Malerei sollte eine schöne Stelle als Ausschnitt ausgewählt und als großes Motiv neu gemalt werden. Wie die Abbildung des fertigen Bildes zeigt, wurde aus dem hochformatigen Ausschnitt eine quadratische Fläche – eine zusätzliche Möglichkeit, eine Vorlage zu verändern.

Malvorbereitungen

Nun steht der Ausschnitt fest, und die Vorbereitungen für das vergrößerte Bild können beginnen. Stellen Sie Ihren Seidenmalrahmen für eine rechteckige Arbeit auf ca. 70 x 90 cm oder für eine quadratische auf 90 x 90 cm ein, und bespannen Sie ihn mit Seide (zum Beispiel Pongé 05). Stellen Sie die nötigen Farben bereit, außerdem Watte, einen dicken Pinsel mit feiner Spitze, Papiertücher und so weiter. Falls erforderlich, präparieren Sie die Seide mit Aquarellgrund.

Den Ausschnitt vergrößern

Nun kann das Malvergnügen beginnen: Malen Sie den kleinen Ausschnitt in vergrößerter Form auf die Seide. Vielleicht wird eine hauchzarte, vereinfachte Bleistiftvorzeichnung zum Gelingen beitragen, denn es ist jetzt wichtig, alles im Verhältnis entsprechend größer auf Ihr neues Format zu übertragen. Halten Sie sich beim Malen so strikt wie möglich an Ihre Vorlage. Abweichungen, die ganz von selbst entstehen, geben Ihrer Seidenmalerei den besonderen Reiz. Die Arbeiten zweier Kursteilnehmerinnen geben für diese Übung ein anschauliches Beispiel (Seite 76 – 79).

Die künstlerische Freiheit nutzen: Das Format und die Proportionen dürfen durchaus verändert werden.

2

2 Das fertige Bild, als Vergrößerung eines Ausschnitts gemalt, wirkt kraftvoll und ausdrucksstark. Sowohl das vielgestaltige Blumenbild links als auch das rechte Ergebnis der Übung haben eine Breite von 90 cm.

Vorlagen umsetzen

a

b

a An diesem Motiv reizte mich das Wechselspiel zwischen den hellen Blüten und dem dunklen, grünen Umfeld.

Für Seidenmalerinnen ist es im Gegensatz zu Aquarellisten meistens schwierig, draußen vor Ort zu malen: Das Malformat ist häufig sehr groß, die flüssigen Farben müssen sicher stehen und so weiter. Dabei ist das Malen direkt in der Natur besonders inspirierend.
Wenn Sie keine eigenen Skizzen direkt vor Ort anfertigen und zu Hause umsetzen, können Sie zum Beispiel nach Bildvorlagen malen, um das Spektrum Ihrer Motive zu bereichern.

Auf die Suche gehen

Suchen und sammeln Sie deshalb Malvorlagen, die Ihnen den nötigen Anreiz geben. Ihre Urlaubsfotos halten sicher viele Motive bereit, wenn Sie sie erneut unter diesem Aspekt durchschauen. Außerdem finden Sie in Kunstbüchern oder Kalendern lohnende „Hinweise". Sogar Bilder, die bereits in Ihrer Wohnung hängen, könnten diesem Zweck dienen. Es ist am Anfang gar nicht so wichtig, *was* Sie malen, sondern *daß* Sie nach solchen Vorlagen malen, um so Ihre Fähigkeit der Bildumsetzung zu erweitern.

b Angeregt durch das Blumenmotiv malte ich dieses freier gestaltete Seidenbild. Die mit farblosem Verdicker ausgesparten Blüten, einige Blätter und Stiele wurden nachträglich mit zartem Blau bzw. mit Grüntönen schattiert. Ansonsten entstand das Umfeld als Fließaquarell auf nicht präparierter Seide. Es kam mir weniger auf einzelne Blattformen an, sondern mehr auf ein unruhig-verschwommenes Grün, was sich durch die Farbverschiebungen, die natürliche Randbildung und feine Farbverläufe fast von selbst ergab.

Ein Beispiel

Die weißen Blüten auf dem Foto reizten mich, sie zu malen. Mit Hilfe des farblosen Verdickers sparte ich für sie Platz auf der Seide aus und fügte vereinzelt noch ein paar Blätter und Stiele hinzu, die ich später mit grün übermalte.
Vergleichend betrachtet, unterscheidet sich das gemalte Bild von der Vorlage in erster Linie durch seinen frei gestalteten Aufbau, die Anzahl der Blüten hat sich erhöht. Trotzdem läßt sich die Anregung für die Umsetzung dieses Bildmotivs erahnen. Wenn Sie so wollen, hat sich durch die Loslösung von der Vorlage im Malprozeß eine eigenständige Gestaltung entfaltet, die ihren Ausdruck in einer neuen Blütenkomposition gefunden hat.
Es ist also gar nicht das Ziel, das Gesehene, die Vorlage exakt abzumalen, sondern sie dient nur als Malanlaß. Sie setzen das Motiv nach Ihren eigenen Vorstellungen um und nutzen dabei Ihre künstlerische Freiheit, etwas zu verändern, etwas wegzulassen oder hinzuzufügen.

a

a Die Häuser und Berge bilden den ruhigen Teil dieses Bildes, während die „wild" gemalten Palmen im Vordergrund für den nötigen Kontrast sorgen und das Bild beleben. Der Aquarellgrund sorgt dafür, daß die flott gezogenen Pinselstriche als solche erkennbar bleiben.

Sich aufs Wesentliche beschränken

Um es noch einmal zu betonen: Es sollte bei Ihrer Seidenmalerei nicht darum gehen, die Vorlage ganz genau nachzuahmen. Nutzen Sie sie lieber für Ihre ganz persönliche Bildidee. Denn ansonsten würde ja das Foto reichen, vielleicht als Poster vergrößert.
Drücken Sie statt dessen aus, was Sie ganz persönlich an dem Motiv besonders reizt, beschränken Sie sich also auf das (nach *Ihrer* Ansicht) Wesentliche. Das heißt: Reduzieren Sie das Unwesentliche auf ein Minimum, heben Sie das Auffällige und Typische besonders hervor, und verlieren Sie sich vor allem nicht in Kleinigkeiten.
Geben Sie aber nicht gleich nach einem mißglückten Versuch auf, sondern fahren Sie mit den Umsetzungsübungen fort. Meist sind mehrere „Anläufe" erforderlich, bis ein Ergebnis befriedigend erscheint, das geht mir nicht anders. Und gerade dieses mehrmalige Erproben schult Ihr Geschick, aber auch Ihr Urteilsvermögen.

b Auch dieses Bild lebt vom Formkontrast: Die großen, ruhigen Flächen links stehen im Gegensatz zum grob angedeuteten Treppengeländer und zur Figur, die die feinsten Punkte und Linien enthält. Der Harlekin wird, obwohl er den Mittelpunkt bildet, erst auf den zweiten Blick sichtbar, denn die warmen Farben der Brücke (hier bin ich von der Vorlage abgewichen) und die dunklen Töne links im Bild drängen sich den meisten Betrachtern zuerst auf.

b

Tips für den Einstieg

Auch ich habe meine Urlaubsfotos nach Motiven durchgeschaut; so fand ich die Appartments auf Gomera und die venezianische Maske aus Venedig. Eine Erleichterung ist das Skizzieren auf Papier. Schon hier können Sie festhalten, was Ihnen wichtig ist, Sie klären Ihre Vorstellungen bereits in einem größeren Format.
Präparieren Sie die ausgewählte Seide, etwa mit Aquarellgrund, denn darauf lassen sich konkrete Motive am deutlichsten darstellen. Zusätzlich können Sie – anhand der Skizze – eine hauchdünne Bleistiftvorzeichnung anfertigen. Auch alle gezeigten Beispiele habe ich auf Aquarellgrund gemalt und mich in der Farb- und Formgebung im wesentlichen an die Malvorlage gehalten. Das ist für den Anfang auch am besten und hilft, sich mit dem Motiv vertraut zu machen; erst danach sollten Sie es auch in anderen, in freieren Aquarelltechniken versuchen. Wie man sich dieser Herausforderung stellen kann, das möchte ich Ihnen anhand eines Stillebens im nächsten Kapitel zeigen.

STILLEBEN LIVE

a

b

c

a b c Stilleben sind ein ideales Thema zum Malen, man kann viel daran ausprobieren und lernen. Zunächst arrangieren Sie es so, wie Sie es interessant finden. Variante a gefiel mir am wenigsten. Für die folgenden Beispiele wählte ich die anderen zwei Ansichten, sie zeigten mehr Spannung.

d Dieses Bildbeispiel, aquarelliert auf grundierte Seide, weicht in Form und Farbe am wenigsten von der Originalvorgabe ab. Es beschränkt sich auf die Farben Braun, Grün und Dunkelviolett; es wirkt kontrastarm und „brav".

Es ist eine gute Möglichkeit, sich neue Anregungen für Bildaufbau, Formen, Farben und Techniken durch konkrete Aufgabenstellungen, wie es das Stillleben bietet, zu holen. Nehmen Sie sich die Zeit, um ein Stilleben Ihrer Wahl zu arrangieren. Beginnen Sie mit leichten Gegenständen, wie zum Beispiel Obst oder Blumen. Das Wichtige daran ist, daß Sie *ein* Thema tatsächlich in *mehreren Variationen* durchspielen und mutig neue Gestaltungswege ausprobieren.

Nicht jedes Ergebnis wird gleich ein Kunstwerk sein, doch der Wert liegt in den neuen Erfahrungen, die Sie dabei gewinnen und in der zunehmenden gestalterischen Sicherheit.
Im übrigen möchte ich auf den beigefügten Bogen hinweisen: Hier finden Sie Hilfestellung und Gelegenheit, das Thema Stilleben auszuprobieren.

e Ähnlich verhält es sich beim zweiten Versuch: Die Farben wirken jetzt aber schon freundlicher. Außerdem habe ich mich auf eine andere Weise mit der Struktur der Flasche befaßt.

d

e

Skizzen anfertigen

Im Gegensatz zu Fotomotiven läßt sich ein „Live-Stilleben" ganz nach Ihren Wünschen arrangieren. Durch kleine Skizzen tasten Sie sich an Ihre Objekte heran und grenzen so auch den Ausschnitt ein. Wie bei einer Kamera können Sie mit dem Zoom Ihr Objekt ganz nah heranholen und es aus verschiedenen Positionen betrachten. Ändern Sie also Ihren Standort! Wenn der Ausschnitt skizziert ist, übertragen Sie ihn mit dünnen Linien als grobe Vorzeichnung (mit weichem Blei- oder Phantomstift) auf die präparierte Seide.

Die Skizzen sind auch eine gute Gedächtnisstütze: Wenn Sie Ihr Stilleben mehrfach neu arrangieren, um die schönste Variante auf Seide zu malen, können Sie anhand der Skizzen immer wieder auf eine vorher gezeichnete Variante zurückkommen.

Bei meinem ersten Stilleben dieser Serie habe ich versucht, die Formen und Farben einigermaßen realistisch wiederzugeben. Die Farbe des Hintergrundes habe ich zu einem hellen Braun verändert. Ich fand schließlich, alles sei zu kontrastarm, und nahm mir vor, weitere Versuche zu starten.

a

a Hier wird die Loslösung der Form- und Farbgebung vom „Live-Stilleben" offenkundig. Der „zugemalte" Hintergrund läßt das Bild trotz des roten Gefäßes und der Gelbtöne recht dunkel erscheinen.

Freie Gestaltung

Wie die Fortsetzung meiner Stillebenreihe zeigt, versuche ich, mich mehr und mehr von der Vorlage zu lösen, um das Motiv bildnerisch spannender zu gestalten.
Die Abbildungen, die Sie hier sehen, habe ich bewußt ohne Vorskizzierung gemalt. Bei der Loslösung von der strengen Wiedergabe des Stillebens steht es Ihnen offen, die Proportionen zu verändern, andere Farben zu wählen und den Hintergrund nach Ihren Vorstellungen zu gestalten. Der Spielraum Ihrer Kreativität vergrößert sich, obwohl das eigentliche Malobjekt nach wie vor erkennbar bleibt.
Sicherlich gehört zunächst Mut dazu, so frei mit den Farben umzugehen, mit zunehmender Übung und Praxiserfahrung werden Sie aber die Scheu vor solchen Experimenten verlieren.
Versuchen Sie einmal zu beschreiben, was ich bei diesen beiden Variationen anders gemacht habe, verglichen mit den ersten beiden Versuchen. Achten Sie dabei auf die Farben, den Hell-Dunkel-Kontrast, auf Formkontraste und speziell auf den Hintergrund, der nun viel stärker in das Bildgeschehen einbezogen wurde.

b Warum nicht einmal von der „Regel" abweichen, daß der Hintergrund immer im Hintergrund bleiben muß? Im rechten Bildteil habe ich ihn noch stärker als beim anderen Bild aktiv gestaltet und durch das intensive Rot optisch nach vorne geholt. Die Gegenstände wirken durch die schwarzen Umrandungslinien und das Violett recht dunkel. Gerade die Obstschale scheint durch den leuchtenden Hintergrund wie im Gegenlicht zu stehen.

b

Mut zur Abweichung: Warum nicht einen neuen Hintergrund erfinden?

a

b

a Für dieses Aquarell auf präparierter Seide legte ich zunächst die Vorzeichnung mit der Rohrfeder an (siehe auch Seite 31) und malte dann die Flächen locker und frei aus, ohne die feinen Linien komplett zu überdecken. Durch die kühle Ton-in-Ton-Farbgebung wirkt das Motiv luftig und frisch, auch durch die lebendigen Linien und die vielen kleinen weißen Bildpartien.

Verschiedene Techniken

Bei den Beispielen auf dieser Doppelseite habe ich das Stilleben nochmals variiert. Diesmal habe ich mich auf unterschiedliche Aquarelltechniken und Stile konzentriert.
Da ist zum einen die Rohrfederzeichnung, die ich anschließend ziemlich naß „ausgemalt" habe. Der Reiz liegt hierbei nicht in der Farbenvielfalt; die Gestaltung ist Ton in Ton gehalten und lebt vom Hell-Dunkel-Kontrast. Vor allem ist aber hier das Miteinander von feinen Linien und weichen Flächen ausschlaggebend für die reizvolle Wirkung.

Der expressive Malstil lädt geradezu zum Übermalen vieler Farben ein, deren Leuchtkraft durch das ausgesparte Weiß und durch das Aufsetzschwarz gesteigert wird. Durch die Schnelligkeit des Malvorganges ist es oft schwierig, sich an das vorgegebene Original zu halten, was aber nicht weiter tragisch ist: Tatsächlich reichen oft schon Andeutungen aus, um eine Form darzustellen.
Eine Vorzeichnung mit farblich unterschiedlichen Stoffmalkreiden macht es hingegen einfacher, zur „Urform" des Stillebens zurückzukehren, wie das dritte Beispiel zeigt.

b Die expressive Malweise gibt Spielraum für Formen und Farben und ermuntert zum kontrastreichen Gestalten. Wichtig ist auch hier das Präparieren der Seide, damit alle Aktionen sichtbar bleiben.

c Auch Stollfmalkreiden laden zur freien Gestaltung ein. Mit ihnen lassen sich herrliche lineare Strukturen und gezielte Farbakzente setzen. Es handelt sich um eine Mischtechnik mit Übergang zur Konturentechnik (wenn man sie zur Abgrenzung von Flächen einsetzt).

c

Gedanken zum Schluß

Malen ist ein Prozeß, der ständigen Veränderungen unterliegt, das trifft besonders auf das Aquarell zu, eine der schwierigsten und freiesten Maltechniken überhaupt. Kein Bild gleicht je dem nächsten.

Und das ist gut so. Die Art, wie wir malen, wie wir die Dinge sehen und umsetzen, spiegelt die Ebene wider, auf der wir uns zum jeweiligen Zeitpunkt unserer kreativen Entwicklung befinden. Malen ist für mich lebendiger Ausdruck. Ihn zu offenbaren, anderen zugänglich zu machen, bedeutet Bereicherung meines Lebens.

Wenn Sie dieses Buch durchgearbeitet und sich auf viele Vorschläge und Spielregeln eingelassen haben, wenn Sie sich trauen, eigene Stilleben zu arrangieren und in den verschiedensten Stilen und Aquarelltechniken auf die Seide zu malen, dürften auch Sie dieser Bereicherung Ihres Lebens wieder ein Stück näher gekommen sein oder sie bereits erfahren haben.

Zum Schluß lade ich Sie zu einem „Galeriebesuch" ein, der Ihnen auch Mischtechniken präsentiert.

GALERIE

ANNE ESSER

JUDIT HILDEBRANDT

GISELA KNOPFF-FÄUSTLIN

DANIELA KOSIK

ANNEMARIE MATZAKOW

SHAHIDA

INGRID WALTER-AMMON

Gisela Knopff-Fäustlin gestaltete diesen duftigen Chiffonschal, der auch als dekorativer Raumteiler denkbar ist. Auf die weiche Untermalung in der Aquarelltechnik (mit Auswascheffekten) setzte sie Akzente mit verdickter Farbe.

"Lichtwald" – ein Bild von Anne Eßer. Sie gestaltete es in einer Mischtechnik, denn die großen Blätter sind mit transparenter Gutta umrandet; so konnte sie besonders gut das Licht darstellen, das diese Formen umspielt.

Die Transparenz und Weichheit der Gestaltung, vor allem des diffusen Hintergrundes, sind aber das Ergebnis der gekonnt eingesetzten Aquarelltechnik.

Für ihr kontrastreiches Blumenbild präparierte Shahida die Seide zunächst mit Aquarellgrund, bevor sie die Formen mit zügigem Pinselstrich aufmalte.

Für das Tuch wählte Shahida eher zarte Farben, nur die roten Blüten leuchten aus den Pastelltönen hervor. Als Besonderheit ergänzte sie das Aquarell mit Stoffmalkreiden.

Shahida

„Feuerlilie", ein Bild von Judit Hildebrandt. Die weichen Farbverläufe und die Ränder, erzeugt in der Auswaschtechnik (mit Alkohol), sind aquarelltypisch. Dadurch ist auch die Blüte akzentuiert, sie wirkt plastisch und schimmernd transparent.

Eine unheimliche Tiefe und ein inneres Leuchten bestimmen das Bild von Ingrid Walter-Ammon.

„Gero" – ein Portrait von Anne Eßer. Neben der Aquarelltechnik, mit der sie das Gesicht modellierte, setzte sie zusätzlich feine Guttalinien ein, um sparsame Lichtreflexe zu erzeugen oder um die Formen optisch zu klären.

Das große Tuch von Gisela Knopff-Fäustlin, gemalt in der Aquarelltechnik auf Crêpe de Chine (plissiert), erhielt Akzente mit Stoffmalfarben.

Kaum wahrzunehmen sind die feinen Guttalinien in dem Gebirge, das Anne Eßer ansonsten in der Aquarelltechnik gestaltete. Die gezielt eingesetzte Auswaschtechnik gibt die Strukturen der Felsmassive gut wieder.

Ein Blumenbild in der Auswaschtechnik von Shahida: Durch häufiges Auflösen und Übermalen von Strukturen erzeugte sie lebendige Ränder.

Ingrid Walter-Ammon malte diese „energiedurchzogene" Sonnenlandschaft ohne Einsatz von Trennmitteln, sondern lediglich in der Aquarelltechnik.

Das Frühlingsbild von Daniela Kosik sowie ihre Sommerlandschaft in einem dunstigen Tal entstanden völlig ohne Grundierung, sondern allein in der freien Aquarelltechnik. Die ganz feinen Linien lassen sich dabei nur mit einem sehr dünnen Pinsel und wenig Farbe auf die Seide zeichnen.

Herbstlich, neblig und etwas unwirtlich mutet die obere Landschaft von Daniela Kosik an, darunter eine Winterstimmung in kühlen Farben. Auch hier wurde die Seide zu Beginn nicht mit Aquarellgrund präpariert, denn er hätte die interessanten Auswascheffekte und weichen Farbübergänge nicht in dieser Form ermöglicht.

Annemarie Matzakow malte dieses Tuch in freier Mischtechnik: Die weich fließenden Aquarellschichten trug sie in mehreren Arbeitsgängen auf, außerdem verwendetet sie verdickte Farbe und Gutta, um besondere Strukuren zu erzeugen.

Eine expressive Malerei von Shahida. Die grellen Farben werden durch das Schwarz zusammengehalten, das teilweise mit Farbverdicker angerührt wurde.

Interessant ist das Formenspiel: Große Flächen stehen kleinen gegenüber, auch Punkte und Linien sorgen für einen lebendigen Kontrast.

„Entstehung" – das Bild von Judit Hildebrandt ist durch fließende Formen, feine Farbübergänge und Hell-Dunkel-Kontraste charakterisiert, die durch Lasieren entstanden sind. Erst zum Schluß klärte sie einige Formen mit feinen roten Linien, intensivierte die Blüte und überarbeitete das Aquarell mit silbrig-weißer Stoffmalfarbe.

Der „Blumenstrauß" von Judit Hildebrandt lebt durch die ungewönliche Farbkombination und die zahlreichen Formkontraste. Mit nur wenig Farbe im Pinsel erzeugte sie die feinen Linien, mit etwas Stoffmalfarbe setzte sie goldene Akzente. Übrigens spannt die Künstlerin die Seide zum Malen nicht auf einen Rahmen, sondern auf eine Glasplatte.

Shahida malte dieses lebendige Blumenbild auf präparierte Seide (Aquarellgrund), damit die Spontaneität der verschiedenen Pinselstriche erhalten bleibt. Naß in naß gestaltete Partien führten zu interessanten Farbmischungen.

Zufallseffekte spielen bei diesem Bild von Shahida eine große Rolle: Sie malte es nicht mit dem Pinsel auf präparierte Seide, sondern mit Pipette und Wattestäbchen (siehe Seite 33).

„Nadelwald im Winter", ein Bild von Anne Eßer. Sie gestaltete es ohne jegliche Trennmittel. Derartige Strukturen lassen sich mit nur wenig Farbe im Pinsel erzeugen oder wenn man die Seide zuvor mit Aquarellgrund präpariert.

Ein Vulkan, gemalt von Ingrid Walter-Ammon: Bildbestimmend ist das Gegeneinander kalter und warmer Töne.

„Sprießen", ein Aquarell von Judit Hildebrandt. Gemalt hat sie es in der Auswaschtechnik, in der sich solche weichen Farbübergänge und Ränder gestalten lassen.

REGISTER

Im FALKEN Verlag sind zahlreiche Bücher zum Thema „Seidenmalerei" erschienen, zum Beispiel: „Farbberatung Seidenmalerei" (Nr. 4841), „Lexikon der Seidenmalerei" (Nr. 4737) und vieles mehr. Fragen Sie in Ihrer Buchhandlung oder im Fachgeschäft für Hobbybedarf!

Folgende Künstlerinnen trugen (neben Shahida) zum Gelingen dieses Buches bei:
Anne Eßer (Seite 93, 98, 99, 109)
Judit Hildebrandt (Seite 96, 106, 107, 110)
Gisela Knopff-Fäustlin (Seite 92, 98)
Daniela Kosik (Seite 102, 103)
Annemarie Matzakow (Seite 104)
Esther Ortolf (Seite 76)
Ulrike Thiemann (Seite 78)
Ingrid Walter-Ammon (Seite 97, 101, 110)

Die Deutsche Bibliothek – CIP-Einheitsaufnahme

Aquarellieren auf Seide / Shahida. – Niedernhausen/Ts. :
FALKEN, 1996
(Kreativwerkstatt)
ISBN 3-8068-4842-4

ISBN 3 8068 4842 4

Umschlaggestaltung: Andreas Jacobsen
Layout: jan-c. schliephack, Oberjosbach
Gestaltung und Herstellung: Petra Zimmer
Redaktion: Regine Felsch

Fotos: Anne Eßer, Bensheim: Seite 95 re., 93, 98 u., 99. **FALKEN Archiv: Photo-Design-Studio Gerhard Burock,** Wiesbaden-Naurod, Seite 8/9 (Fond), **Photo-Illustrations Ltd.,** London, Seite 10, 11. **Achim Kalk,** Kelkheim: Seite 12, 45, 64, 66, 67, 90 re., 92, 95, 97, 98 o., 101, 104, 105, 108, 110 o. **Klaus Kerth,** Pforzheim: Seite 96, 106, 107, 110 u. **Uwe Meilahn,** Niedernhausen: Seite 39 li., 80. **Photo-Illustrations Ltd.,** London: Seite 7–9, 15 u., 16–17, 18 u., 19, 20, 22–24, 28, 31 u. re., 33, 35, 37, 38 li., 40–43 li., 47, 49, 50, 56, 58, 59, 61, 63, 68, 72, 74, 76–79, 84.
Reinzeichnung des Vorlagebogens: Ulrike Hoffmann, Bodenheim
Alle Seidenmalwerke, Skizzen und einige Fotos stammen, soweit nicht anders angegeben, von der Autorin (Shahida).

Satz: FALKEN Verlag, Niedernhausen/Ts.
Druck: Ernst Uhl, Radolfzell

817 2635 4453 6271